A TRANSIÇÃO NA GESTÃO DE MUDANÇA

Katia Soares

A TRANSIÇÃO NA GESTÃO DE MUDANÇA

O que preciso mudar em mim para que o outro mude?

Copyright © 2013 Katia Soares
Todos os direitos reservados. Nenhuma parte deste livro pode ser reproduzida ou transmitida em qualquer forma ou por qualquer meio, eletrônico ou mecânico, incluindo fotocópia, gravação ou qualquer armazenamento de informação, e sistema de cópia, sem permissão escrita do editor.

Direção editorial: Júlia Bárány
Edição, preparação e revisão de texto: Barany Editora
Projeto gráfico e diagramação: Lumiar Design
Capa: Cako Martin

```
Dados Internacionais de Catalogação na Publicação (CIP)
(Câmara Brasileira do Livro, SP, Brasil)

       Soares, Katia
          A transição na gestão de mudança : o que
       preciso mudar em mim para que o outro mude? /
       Katia Soares. -- São Paulo : Barany Editora,
       2013.

          1. Administração de empresas 2. Antroposofia
       3. Autoconhecimento 4. Autodesenvolvimento
       5. Mudança organizacional I. Título.

13-08742                                CDD-658.4063

              Índices para catálogo sistemático:

       1. Mudança organizacional : Administração de
          empresas    658.4063
```

Todos os direitos desta edição reservados à
Barany Editora © 2013
São Paulo - SP - Brasil
contato@baranyeditora.com.br

AGRADECIMENTOS

Gratidão é o que sinto ao finalizar este livro.

Agradeço aos meus pais queridos, Nair e Celio, pela confiança que depositaram em mim e pelo exemplo de força que pude aprender ao longo dos anos. Essa força e essa confiança permitiram-me caminhar, criar e ter a coragem de realizar a partir do coração. Eles me educaram para viver as transições que a vida pede. Também sou grata à minha irmã Cenir e aos meus dois sobrinhos Caio e Bianca. Com eles aprendo diariamente a conviver em união.

Meu *muito obrigada* aos amigos presentes e não presentes, em particular à Dona Alzira, um anjo nonagenário que surgiu na minha vida resgatando a minha essência de alma. Faço agradecimentos especiais a pessoas que de alguma forma continuam sendo meus mestres e fontes de inspiração: Cláudio Tomanini, Suzy Fleury, Daniel Buckhart, Alberto Barros, Jair Moggi, Vera Oliveira, Matias Klinke, Adma Garzeri. Sou grata a todos os clientes e profissionais que confiaram em mim e deram-me a oportunidade de escrever este livro. Agradeço também aos colegas do Instituto EcoSocial que, ao longo de uma década de convivência, tem sido um palco de aprendizados, desafios e realizações.

Este livro inaugura uma nova fase da minha vida, uma fase na qual não quero mais ter razão e sim ter a liberdade de ser vulnerável, aprendiz da vida e feliz.

Por fim, plena de alegria, agradeço a Deus o presente recebido: minha filha Maria Vitória, um longo sonho aguardado e realizado. Cada minuto de espera valeu a pena. Sinto-me completa neste momento.

Fé é tudo que tenho e amor é tudo que quero levar desta vida!

SUMÁRIO

PREFÁCIO [11]
INTRODUÇÃO [15]

CAPÍTULO 1 – O QUE FAZ UM GESTOR DE MUDANÇA [19]

1.1 O que é gestão de mudança? [24]
- A referência em transição – William Bridges [30]

1.2 Visão estratégica da gestão da mudança [34]

1.3 Parceria entre o gestor do projeto e o gestor da mudança [42]

1.4 Antroposofia: um olhar abrangente sobre o indivíduo, os grupos e a organização [45]
- Trimembração humana [46]
- Trimembração social [54]
- Quadrimembração do indivíduo [59]
- Quadrimembração organizacional [61]
- Ciclos biográficos [63]

1.5 Autoconhecimento: a ferramenta mais importante é invisível [65]

1.6 Duas linhas mestras [72]
- Andragogia [72]
- Visão sistêmica [74]

1.7 A venda para a cúpula [76]
1.8 Depoimento – Mudança de comportamento na medicina do trabalho [79]

CAPÍTULO 2 – A PREPARAÇÃO DO GESTOR DA MUDANÇA [83]

Depoimento – Gestão de Mudança aplicada a um caso B2B (business to business) [85]

2.1. Autores de referência [92]
- Barrett, indispensável [93]
- Kotter, ainda obrigatório [104]

2.2 Habilidades indispensáveis [105]
- Estar presente [109]
- Conhecer o processo de mudança em curso [115]
- Identificar as reações e as resistências [116]
- Educar a liderança [118]
- Saber montar a equipe [123]

2.3 Programa de Formação em Gestão da Mudança [127]
- O nascimento [127]
- Composição e abrangência [128]
- Objetivos [132]
- Os 12 mandamentos e as 7 virtudes do GM [134]
- Comentários dos participantes [137]

CAPÍTULO 3 – A CONDUÇÃO DA MUDANÇA [139]

Depoimento – Gestão de mudança e relacionamento entre pais e profissionais de uma creche [141]

3.1 O arquétipo da condução da mudança e da transição [145]
- Aprender a olhar – unindo planejamento, contato e estratégia da mudança [148]
- Aprender a ouvir – ligando o desenho da solução com entendimento e interação com a empresa [150]
- Aprender a interagir – juntando construção da solução, crença, mudanças e impactos [155]
- Aprender a gerir – unindo implementação, comprometimento e sensibilização [158]
- Aprender a autogerir e renovar – conciliando operação, sustentação e avaliação [161]

3.2 Os componentes específicos da gestão de mudança [164]
- Diagnóstico cultural [165]
- Gestão de equipe [165]
- Comunicação [166]
- Gestão de influenciadores [167]
- Mudanças e impactos [168]
- Sensibilização e treinamento [169]

3.3 Multiplicadores – um apoio essencial [172]
3.4 Escopo de atuação da gestão de mudança [174]
3.5 A comunicação e o comprometimento dos indivíduos [176]
3.6 Alinhamento de expectativas organizacionais [178]
3.7 Há lugar para coerção e manipulação? [180]

CAPÍTULO 4 – A SUSTENTAÇÃO CONTÍNUA DO APRENDIZADO [183]

Depoimento – Inclusão de pessoas com deficiência e gestão de mudança [185]

4.1 Como medir se um grupo está pronto para concretizar a mudança? [191]

4.2 Educação contínua [195]

4.3 A perspectiva da instrução sustentada [196]

4.4 A comunicação na sustentação da mudança [198]

4.5 Sustentação dos resultados [201]

4.6 Vozes e aprendizados da mudança [202]

PREFÁCIO

Mudanças, por que toda essa onda agora? Essa expressão era muito comum lá pelos fins dos anos 70 do século passado, quando nos conhecemos e nos envolvemos – Jair como aprendiz de feiticeiro e Daniel como feiticeiro – num processo de mudança que marcou nossas vidas e a vida da organização onde trabalhávamos, Jair como funcionário e Daniel como consultor experiente.

A sensação naquela época era de que já se havia dito tudo e escrito tudo sobre mudanças. Mas a questão da mudança adentrou as décadas seguintes e hoje ainda é o grande tema na gestão das empresas, pois o mundo mudou, as pessoas se tornaram mais conscientes e as mudanças acontecem de uma maneira cada vez mais acelerada. Muitos modismos a respeito do tema vieram e se foram, mas sua essência continua a mesma: como conduzir mudanças efetivas e autossustentadas que considerem as complexas dimensões presentes no tripé indivíduo, grupo e organização.

Katia Soares foi uma das profissionais mais brilhantes que passou pelo programa para formação de líderes facilitadores que a Adigo Consultores mantém desde o início dos anos 1990, no qual as dimensões acima eram e ainda são exploradas de forma artística, prática e em profundidade, a partir da nossa experiência como consultores que trabalham com base na antroposofia de Rudolf Steiner.

Katia fez uma longa trajetória pessoal e profissional, vivendo suas mudanças e transições pessoais e profissionais desde o seu curso conosco. Terminada a formação, Katia fez mais, deu uma guinada profissional, saiu da empresa em que atuava e se viabilizou como consultora autônoma e um dos membros fundadores do Instituto EcoSocial, que tem como missão "apoiar o ser humano na aventura de tornar-se livre para assumir o seu lugar único na vida e na construção de organizações saudáveis"– palavras de seus fundadores. Dessa forma, Katia aplica os conceitos globais da antroposofia aos processos de transformação. E as transformações feitas sob o olhar antroposófico afetam os indivíduos, os grupos, a organização e a sociedade de uma maneira humanizada.

Sempre envolvida em processos complexos, ela faz uma síntese da sua aprendizagem como consultora organizacional. A partir dos conceitos pelos quais se apaixonou e vivenciou conosco, ela deixa aqui:

- Que para minimizar o impacto que as mudanças causam nas pessoas é fundamental contar com líderes capacitados para conduzir a transição de indivíduos e grupos a partir de uma mudança planejada.
- Que quando conduzimos mudanças ancoradas em conceitos de essência (arquétipos) que atuam sobre

as pessoas e, coletivamente, sobre as organizações que as abrigam, a transição também tem de acontecer internamente em cada indivíduo naquilo que lhe é mais sutil, isto é, em seu pensar, sentir e querer.

- Que a união da gestão da mudança organizacional e a transição interna dos indivíduos é fator chave para sustentar a qualidade de vida das pessoas no trabalho e para garantir a sustentabilidade do processo de mudança.
- Que é crucial ter cuidado com as pessoas, com o tocar de corações e com a urgência em entendermos que precisamos parar de julgar e começar a olhar para as pessoas à nossa volta como seres cheios de necessidades, que precisam ser consideradas em todo processo de mudança decentemente conduzido.
- Que precisamos todos estar despertos para o nosso autodesenvolvimento, se quisermos de fato ser agentes de mudança nas organizações em que atuamos, quer como líderes, quer como consultores de desenvolvimento organizacional.
- Que só pode ser integrado aquilo que for devida e cuidadosamente separado.
- Finalmente, que a questão eterna que deve acompanhar as lideranças que querem ser bons líderes de mudanças é "o que eu preciso mudar em mim para que o mundo mude, a partir de si mesmo".

Neste livro, Katia explora os conceitos arquetípicos básicos que podem servir de apoio para as questões acima. Atualiza conceitos, técnicas e abordagens práticas que com certeza irão inspirar muitos que se sentem atraídos por esse tema sempre instigante e desafiador.

Daniel Burkhard
fundador da Adigo Consultores

Jair Moggi
sócio-diretor da Adigo Empresas Familiares,
fundador e membro honorário do Instituto EcoSocial

INTRODUÇÃO

Este livro veio do desejo de passar adiante um pouco do que venho aprendendo na vida. Ao longo de mais de vinte anos de experiência com marketing, gestão de mudança, consultoria de desenvolvimento e, mais recentemente, coaching, uma das fontes fecundas em que bebi foi a Adigo, consultoria que traz para o mundo uma maneira orgânica de lidar com mudança e a transição. Lá aprendi que todos os seres vivos trazem em si duas tendências: conservação e diferenciação. Elas se manifestam ao longo da vida em todos os aspectos. As pessoas se diferenciam pela mudança e ao mesmo tempo precisam conservar a si mesmas, como individualidades únicas.

Foi a partir dessa jornada de aprendizados que comecei a entender que mudança é o que vem de fora. Transição é o que vem de dentro. Essa será a grande tônica do livro, que tem por objetivo tratar de pontos importantes na preparação do GM, trazer conceitos, dicas, comportamentos, exemplos reais de líderes em momentos de transformação. Espero, com isso, ajudar o leitor a compreender melhor aspectos de si próprio e de seu ambiente.

Mudar significa sair da zona de conforto, aceitar sugestões, que algumas vezes contrariam o nosso ponto de vista. É agir de acordo consigo e a partir de acordos. É fazer valer valores individuais e coletivos. Para lidar com a mudança é fundamental que tenhamos passado por ela, que tenhamos aprendido a lidar com as diferenças interpessoais, com as várias culturas e as necessidades individuais.

Estar conectado é outro ponto sensível. Quando uma pessoa está conectada consigo mesma e com o mundo, tem coragem para sentir compaixão e ser imperfeita. Aproxima-se do outro de maneira genuína, com responsabilidade pelo todo.

A busca do autodesenvolvimento não se restringe a clientes dos consultórios psicanalíticos. Esse tema também é foco de discussão entre os grandes tomadores de decisão. Na sociedade atual, autodesenvolvimento assumiu uma grande importância. Ser capaz de conduzir sua própria evolução é uma das competências desejadas para o profissional do século XXI, pois lhe permite responder rapidamente às mudanças tão aceleradas de agora, superando desafios, obtendo sucesso e resultados.

Acho que uma grande aspiração de todo ser humano é conhecer-se, saber quais são seus talentos e como disponibilizá-los a serviço do bem comum e não com foco maior no interesse próprio. Por onde começar? Bem, este livro traz algumas dicas.

Chamo de gestor ou gestora de mudança aquelas pessoas que vivem a gestão da mudança em suas vidas e, mais do que isso, são exemplos da mudança que gostariam de ver no mundo. Ter profissionais preparados para atuar com esse foco nas instituições, empresariais ou não, é vital para mantermos saudável a nossa sociedade.

Autodesenvolvimento significa ampliar capacidades ou possibilidades, isto é, reconhecer o potencial individual e colocá-lo em prática. Em certo sentido, autodesenvolvimento é a própria mudança.

Eu trouxe a este livro um pouco da minha experiência e as bases teóricas que me norteiam. A mais abrangente de todas, para mim, é a antroposofia. Abraço em minha vida pessoal e profissional esse modo espiritualizado de ver o ser humano e o planeta.

O livro está formatado em quatro capítulos. No primeiro, destaco o significado da gestão da mudança e apresento algumas bases teóricas. No segundo, trato da formação do gestor de mudança e faço uma breve descrição do Programa de Formação em Gestão da Mudança, que coordeno. No terceiro capítulo, dedico-me a detalhar aspectos gerais para a condução da mudança em si, com suas decorrências. O último capítulo aborda a sustentação da mudança. Fechando o livro, compartilho relatos e comentários bastante interessantes de pessoas ligadas ao tema.

Como o leitor poderá conferir, o fato de estar no último capítulo não significa que a sustentação seja tratada apenas no final do processo. Ela é objeto das preocupações desde as ações iniciais.

Em todos os capítulos há relatos de casos reais ou fictícios, estes inspirados em situações que aconteceram de verdade. Os casos, ou *cases*, como se diz no mundo empresarial, são contribuições que dão corpo às ideias contidas no livro. A análise mais profunda de cada case fica a cargo do leitor.

Desfrute! Desejo a você uma boa leitura.

CAPÍTULO 1

O QUE FAZ UM GESTOR DE MUDANÇA

Tinha tudo para dar certo. Os diretores administrativo, financeiro e de RH estavam de acordo com a proposta feita pela empresa de saúde para implantar um programa amplo de avaliação e prevenção de doenças cardiovasculares. O programa, que seria oferecido aos dirigentes e todos os 2.000 colaboradores, demandava dispensar pequenos grupos por duas ou três horas para fazerem avaliação e aconselhamento na empresa prestadora do serviço. A iniciativa seria complementada por períodos curtos de atividade orientada por um professor de educação física durante o expediente, preenchimento de questionários sobre hábitos de vida e palestras com uma nutricionista. Tudo muito bonito!

Agora só faltava planejar os detalhes e comunicar aos funcionários. Paulo, o diretor de RH, era o mais entusiasta. Ele gostava de participar da cúpula de uma empresa que buscava se destacar no cuidado com seu capital humano. Por alguma razão, entretanto, ele estava demorando a tomar as decisões finais para o programa deslanchar. Precisava discutir com sua equipe o plano de comunicação e a programação das dispensas, mas não conseguia um tempo para isso. Pela manhã, decidia fazê-lo e, quando via, já era noite.

A demora começava a incomodar os outros diretores, quando o médico da empresa prestadora do serviço mandou um email de ultimato. Ele e a equipe haviam programado todas as atividades, haviam organizado um cronograma e seu pessoal já estava ficando nervoso. Mais uma semana de espera e eles abandonariam o barco.

O diretor financeiro, Cícero, amigo de longa data de Paulo, abriu o email e, furioso, foi à sala do RH tomar satisfação.

– O que está acontecendo? Por que você não lançou o programa ainda? Você viu como me desdobrei para ajudar a convencer a diretoria toda de que essa iniciativa traria benefícios! O pessoal se sensibilizou quando puxei o argumento de sermos uma das melhores empresas para se trabalhar.

– Olha, é que nesse meio tempo tive muitas emergências. Sabe como é o RH, sempre acontece alguma coisa ...

– Por que você não quer o programa de saúde?

– Claro que eu quero! – levantou-se como se acionado por uma mola.

– Minha dúvida não é se você quer ou não quer. Perguntei por-que-você-não-quer – disse com firmeza, numa lógica cortante.

– Mas eu q... – vendo que o amigo não se movia, pensou finalmente na questão. – Quer dizer, não sei.

Sentou-se, lívido e frouxo, o olhar perdido. Na verdade, agora olhava para dentro de si, e não gostava nada do que via: problemas cardiovasculares eram uma tônica na sua história familiar. O avô paterno havia morrido de infarto, seu pai tinha ponte de safena, duas tias eram hipertensas e ele próprio sempre teve a pressão um pouco alta. Notou, também, que estava ficando cada vez mais sedentário e quase todo dia almoçava sanduíche com presunto e queijo cheddar, regado a refrigerante – para não perder tempo, justificava-se. Aquela empresa era muito importante em seu currículo, e ele cuidava bem da sua carreira. No emaranhado de argumentos que tinha para si, cuidar da carreira era uma coisa, cuidar da saúde era outra coisa. Quando sua mulher zombava dele dizendo que nos fins de semana ele era muito ágil ... no controle remoto da televisão, ele ficava um tanto chateado, mas dizia que a semana fora cansativa demais.

A questão incômoda de Cícero fez Paulo perceber que vinha sentindo um grande desconforto: animava-se com o programa de saúde, era um diferencial da empresa, mas não se via dentro dele. Ao mesmo tempo, se deu conta de que protelar a mudança de hábitos só aumentava o perigo de problemas graves. Depois de alguns minutos refletindo, falou:

– Cícero, estou com medo. Esse negócio mexe com um fantasma pessoal meu.

– Certo, amigo. E o que vamos fazer, ficar acuados pelo teu fantasma?

– Não, não mesmo. Vou tomar agora as iniciativas para o programa decolar o mais rápido possível. Aliás, quero entrar no primeiro grupo, para dar o exemplo. Obrigado pela pergunta.

1.1 O que é gestão de mudança?

Comecei com a situação do Paulo (diretor de RH), porque é um exemplo vivo de como uma iniciativa pode ser parada em razão do surgimento de algum receio interno de um líder. A cada cinco clientes que atendo, pelo menos um deles contabiliza alguma iniciativa de mudança paralisada por conta de preocupações e sentimentos não tratados junto aos tomadores de decisão.

"Navegar é preciso, viver não é preciso". Essa frase intrigante, tão conhecida da gente, teria sido dita pelo navegador romano Pompeu, há mais de dois mil anos, diante do receio dos marinheiros em se colocar ao mar num dia de tempestade. Pompeu, movido pela necessidade de levar para Roma o trigo embarcado a fim de evitar que os patrícios passassem fome, teria usado a expressão para animar seus liderados a navegar nas águas perigosas.

A afirmação enigmática tem ainda outra interpretação, que considero particularmente adequada à gestão de mudança: navegar tem precisão, viver não tem precisão. Nada mais apropriado para descrever o fio de navalha onde se encontra o profissional que ajusta as transições internas a uma mudança real que, em princípio, tem precisão.

O leitor conhece algum caso parecido com esse do RH? Quando há uma mudança, todas as pessoas embarcam completamente, de corpo e alma? Navegar é preciso, viver é muito mais complicado.

Mudança é uma coisa, transição é outra. Mudança é um evento externo, transição é um processo interno, pessoal. Quando mudamos de casa, por exemplo, passamos um tempo nos sentindo estranhos no novo local. Transportar móveis e objetos de um endereço para outro é trabalhoso, mas demora só algumas horas. Outra duração, outra dimensão tem o processamento interno que fazemos do fato de ir para uma nova casa – essa é a transição. A transição demanda mais tempo, porque é um processo psicológico que envolve razão, sentimento, vontade.

Um exemplo tragicômico vi acontecer no começo da década de 2000. Uma companhia estatal emperrada, cheia de vícios no relacionamento com seus funcionários e com governos, foi comprada por uma multinacional ágil e moderna. Dois meses após a posse, o novo diretor de recursos humanos, obviamente contratado pela multinacional e sem qualquer vínculo com aculturada estatal, recebe uma carta manuscrita de um funcionário antigo de casa solicitando um alto cargo para seu sobrinho (sem processo seletivo e, obviamente, sem garantias de se tratar de candidato capacitado para o cargo). O funcionário estava ainda na frequência do passado, não fazia ideia de onde estava pisando. A empresa já contava com um aparato para coordenar a guinada de direção, porém ainda havia uns desavisados em suas linhas.

Neste exemplo, fica também clara a importância do papel do gestor da mudança. Ele ou ela gerencia a transição.

Todos nós sabemos que as empresas precisam de certa mobilidade interna para se ajustar às necessidades macro e microeconômicas. Por vezes, precisam redefinir estratégias, tarefas, readequar funções, mudar softwares, atualizar procedimentos, realocar pessoas, mudar a presidência. Os ajustes, algumas vezes pequenos e simples, outras vezes verdadeiros *tsunamis,* precisam ser liderados por um *expert* no âmbito da mudança externa. Mas para liderar a adaptação das pessoas ao novo, nada melhor do que um *gestor de mudança*, um líder preparado para enfrentar os naturais medos, resistências e mesmo as euforias fora de lugar por parte dos indivíduos atingidos pelas transformações.

Digamos que a organização esteja trocando um software importante e, para isso, tenha destacado um profissional de TI para conduzir o processo. Suponhamos ainda que o profissional de TI seja excelente com os computadores, e magnífico ao conduzir a transição. Ótimo, a empresa foi premiada e não precisa procurar um gestor de mudança para garantir o sucesso dessa empreitada. O cuidado a ser tomado é perceber o tamanho e a profundidade que a troca do software trará e se esse profissional dará conta de usar os dois chapéus. Raramente vi ocorrer dessa maneira. É mais provável que ele precise de alguém para assumir a gestão da mudança, enquanto ele, o gestor técnico, gerencia o projeto.

Muitas ideias ótimas dão errado na hora de aplicar porque os líderes, consciente ou inconscientemente, emperram o processo, ou não fazem a menor ideia do impacto que a nova situação causa nos indivíduos. O GM (essa sigla aparecerá neste livro muitas vezes, sempre substituindo as expressões *gestora de mudança ou gestor de mudança*) é o profissional que atua justamente no elemento humano. Seu perfil, natural ou adquirido por capacitação, permite-lhe atuar em parceria com o gestor técnico, para orientar e cuidar da trajetória das pessoas na mudança. Ele tanto pode ser interno quanto externo à organização. Pode, ainda, ser associado à consultoria encarregada da questão técnica.

A minha recomendação é que o condutor seja uma pessoa da própria organização. Nada e ninguém substituem a vivência e o entendimento que ela traz da cultura. Pode não estar capacitada para exercer o papel do GM, mas ser uma boa liderança. Nesse caso, sua capacitação é altamente aconselhável.

Antes de seguir adiante, vou comentar uma diferença entre estes termos bastante utilizados nas organizações: *iniciativa, projeto e programa*. Tendo em mente essa distinção, o GM define com mais clareza e precisão o que irá conduzir. Costumamos chamar de *iniciativa* uma alteração pequena em determinado processo, algo que afetará poucos colaboradores. Apenas uma pessoa poderá cuidar de tudo, e um gestor de mudança talvez não seja necessário. Um *projeto* é uma alteração maior, que já demanda estrutura formal, comunicação interna sistematizada, equipe própria, desenho de impactos, capacitação e mais pessoas dedicadas ao tema. Abrange um ou mais processos e as relações pessoais em torno deles. Já um projeto causa bastante movimentação e merece a participação de um GM. Um *programa* é ainda mais amplo e profundo. Costuma englobar os principais processos da empresa e, eventualmente, toca na identidade da organização, por ser um conjunto de projetos.

A intervenção de um GM só se justifica se houver mudança em andamento. Nela está a razão de ser da gestão de mudança. Fazendo uma analogia, o submarino é a razão de ser do seu periscópio (essa ideia é do colega Matias Klinke, com quem conduzi vários workshops e a quem agradeço toda a sabedoria transmitida). Não havendo submarino, o periscópio perde todo sentido. Neste capítulo, abordo aspectos gerais da transição e da gestão de mudança, lembrando sempre que não estou tratando das questões técnicas da transformação.

"Esforços de mudança que não levam em conta a transição são como operações de sucesso nas quais o paciente, infelizmente, morre". Com essas palavras o consultor norte-americano William Bridges demonstra bem a necessidade de se dar um grande peso ao movimento interno associado a uma mudança externa.

A Figura 1 mostra os papéis de um gestor de mudança. Para ter sucesso na sua missão, ele começa pela compreensão do que está acontecendo – se a mudança será uma iniciativa, um projeto ou um programa. Na sequência, ele cuida da transição dos indivíduos no assimilar dessa mudança e, a partir disso, atua sobre a mudança nos grupos e assim trata a transformação na organização de forma estruturada e sustentável. Qual o segredo? Cuidar o tempo todo das necessidades, expectativas, acordos e capacidades individuais. Afinal, a organização é um elemento vivo e requer todo cuidado. Isso significa olhar a mudança a partir dos indivíduos, passando pelos grupos e, por fim, na organização como um todo.

Fonte: Programa de Formação em Gestão da Mudança

Figura 1 – Os papéis-chave do gestor da mudança

Nas organizações, a distinção entre transição e mudança é confundida pela maneira como a palavra transição é usada: as pessoas falam em *equipes de transição,* um *plano de transi-*

ção e serviços de transição – isso na verdade significa suporte nos momentos necessários. Grande parte desses termos está na realidade focando na *mudança* externa somente.

Transição não é apenas uma maneira interessante de dizer *mudança*. É o processo interior pelo qual as pessoas lidam com a mudança, na medida em que elas se despedem da maneira como as coisas funcionavam e se reorientam para a maneira como as coisas passarão a ser. Numa organização, *gerenciar a transição* significa ajudar as pessoas a realizarem esse processo difícil da maneira menos dolorosa e perturbadora que for possível.

A Referência em transição – William Bridges

Em *The Way of Transition*[1], autobiográfico, William Bridges conta como viveu profundas mudanças na vida e as transformou em momentos de autorrenovação. Ele descreve a sua própria jornada através da transição – despertada pela morte de sua primeira esposa, Mondi. Ao escrever o livro – e depois discuti-lo com os leitores – ele passou a compreender outra dimensão da transição, afirma. Conta uma entrevista num programa de rádio, no qual um homem cuja esposa também havia morrido de câncer disse "Eu não consigo esquecer!", e perguntou com grande emoção: "Como eu faço para continuar a minha vida?".

Enquanto ouvia o homem, Bridges nos conta, viu uma

---
1. Editora Perseus Books, 2002.

imagem representando a morte da mulher como um muro alto que bloqueava seu caminho, um muro que ele se esforçava para saltar. Essa é a maneira como a mudança geralmente é sentida em nossas vidas, diz ele, como uma barreira no caminho, uma ruptura em nossos planos, um grande buraco que se abre debaixo de nossos pés. Naturalmente, nós procuramos uma maneira de ultrapassá-la.

Atravessar a transição não é fácil, mas diferentemente da *mudança-muro*, termo utilizado por Bridges, a transição representa um caminho a seguir. Para mudar o foco de atenção da mudança-muro para a transição-caminho, segue-se por onde a própria transição começa: abrindo mão das conexões interiores com a maneira como as coisas existiam. A pergunta que sempre ajuda a mudar o foco da mudança para a transição é, "Do que já é tempo de me despedir?".

No caso da morte da esposa, diz o autor, precisou se despedir da pessoa com quem esteve casado por 37 anos e do casamento que construíram juntos. Essa foi a mudança. Mas precisou se despedir também de muitas outras coisas. Para começar a vivenciar a transição, perguntou a si mesmo a que precisava renunciar devido à mudança.

Fazendo um paralelo menos dramático: Se você já perdeu um emprego, do que você precisou se despedir? Que outras maneiras encontrou para sua sobrevivência? Que partes de sua vida ficaram desatualizadas devido à demissão? Vamos ver: um salário garantido, um grupo de colegas e amigos, um lugar certo para ir todas as manhãs, uma maneira de usar os seus talentos, uma maneira de estruturar o seu tempo, vários planos para o futuro, uma maneira de ser reconhecido. E se, na fase de desemprego, alguém lhe pedisse para dizer qual a sua atividade? Certamente, você sentiria uma perda de identidade. Se em alguma área de sua vida você estiver passando por uma transição neste momento, cabe perguntar: "O que é tempo de você deixar para trás?". Essa pergunta muitas vezes me ajudou a abrir o caminho que eu buscava, mesmo que, na prática, preferisse evitar. Esse é um caminho que geralmente leva ao crescimento pessoal.

E se for um momento de você se despedir daquela maneira específica de usar os seus talentos? Será que você não cabe mais na identidade que usou nos últimos anos? E se você não é mais reconhecido ou apreciado no seu trabalho, não chegou a hora de aceitar essa perda? As respostas lhe darão um ponto para começar. A transição representa o caminho para a próxima fase de sua vida.

Não é fácil administrar a transição, mas autores como William Bridges já trouxeram algumas luzes. Fui inspirada em seus ensinamentos, como muitos. Bridges realmente é uma referência central para se lidar produtivamente com as transformações. Já publicou uma dezena de livros, alguns dos quais venderam mais de um milhão de cópias. Era professor de literatura norte-americana na Califórnia e foi presidente da Associação de Psicologia Humanista. Em 1974, deu uma guinada na carreira e passou para a área empresarial. Tornou-se o consultor famoso que é agora, especializado em gerir transformações. É amplamente conhecido por seu modelo que representa a transição de uma pessoa entre um estado e outro, mostrado na Figura 2. São três grandes fases que, por óbvias que pareçam, são excelente balizamento. Um gradiente de sentimentos acompanha a sequência das fases, como podemos verificar.

O modelo foi inspirado no trabalho de Elizabeth Kübler-Ross (1926-2004), psiquiatra suíça pioneira no estudo psicológico de pacientes terminais. Ela descreveu um padrão geral de ajustamento à proximidade da morte e estabeleceu os *cinco estágios da dor*, no livro *Sobre a morte e o morrer*[2], bastante conhecido por profissionais de diferentes áreas do comportamento humano.

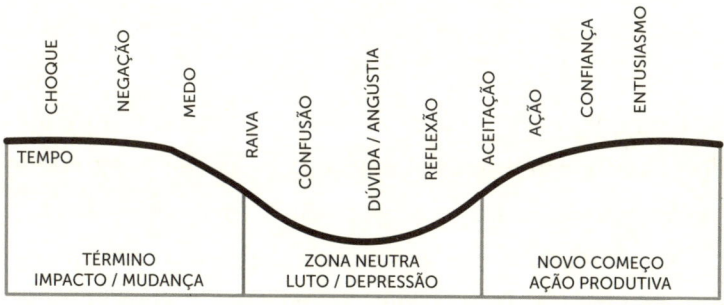

Figura 2 – Curva da transição – W. Bridges inspirado em Elizabeth Kübler-Ross

O gráfico mostra o caminho trilhado internamente pelo indivíduo, a partir de uma mudança vivida externamente. Logo após o choque ele nega, sente medo, raiva, fica confuso, em seguida repensa a situação, depois aceita, e segue

---

2. Editora WMF Martins Fontes, 9ª edição em 2008.

seu movimento de transição. Parte desse caminho eu mostrei no começo do capítulo, com o caso do diretor de RH. Na vida real, esse trajeto não costuma ser assim instantâneo. Dependendo das circunstâncias, pode demorar meses ou até anos para se completar.

Um gestor da mudança que entender o caminhar dos indivíduos na linha do tempo não só poderá apoiar a transição individual de forma estruturada, como minimizará inúmeras resistências que estejam por trás de algum sentimento de perda, dor ou mesmo medo de passar por um novo começo. Com isso, terá feito a metade do caminho na linha do comprometimento individual.

1.2 Visão estratégica da gestão da mudança

Para que não haja dúvidas, esclareço que o termo fases do processo refere-se à dimensão técnica, enquanto o termo *fases da mudança* tem a ver com a *dimensão humana.*

Não basta saber fazer um cronograma, levantar mudanças e impactos organizacionais, planejar a comunicação. É necessário entender a mudança e saber desenhá-la utilizando uma visão sistêmica (assunto que veremos mais adiante) que leve em conta as fases do processo e as fases da mudança que sustentará o comprometimento dos indivíduos. Normalmente as fases do processo estão organizadas como: planejamento, desenho da solução, construção da solução, implementação e operação. Os nomes das etapas podem variar segundo os diferentes processos técnicos. Essas são as fases lideradas pelo *gestor técnico do projeto*. É ele o especialista que conduz a ação externa, seja um programa de saúde, troca de software, mudança física para outro local e uma infinidade de outras mudanças e ajustes que uma organização sempre tem de fazer ao longo de sua existência.

Já as cinco fases da mudança que representam o apoio a indivíduos e grupos são: contato, entendimento, crença, comprometimento e sustentação. Cada uma dessas fases corre em paralelo ao processo (dimensão técnica). Enquanto o gestor técnico está na fase de planejamento, construindo o cronograma e as práticas junto à sua equipe, o GM realiza entrevistas, fazendo levantamento de expectativas e das preocupações gerais que normalmente a nova situação cria. Temos aqui um aspecto da visão sistêmica, que estrutura a transformação sob o ponto de vista organizacional e humano, conforme retratado abaixo:

Planejamento – Contato – Ampliar a percepção do contexto da mudança com novas lentes é fundamental para iniciar o trabalho. Aprender a olhar. *O que preciso aprender para conhecer o meu entorno?* Essa é a grande pergunta. E para apoiar esse olhar, faz-se a construção do diagnóstico cultural, formação de equipe, planejamento integrado das fases da mudança com o processo de mudança e a programação geral da comunicação.

Desenho da solução – Entendimento – Conhecer as pessoas e mapear o clima do ambiente ajuda muito o gestor da mudança a traçar as estratégias de envolvimento. Aprender a ouvir é essencial. E aqui a pergunta central é: *como escolher os meus parceiros de jornada?* Nesse momento é feito o levantamento das expectativas dos influenciadores, levantamento do clima dos grupos, da equipe do projeto e o estabelecimento dos objetivos da nova iniciativa a ser implementada.

Construção da solução – Crença – Validar caminhos e construir a confiança passa a ser chave neste momento. Isso significa aprender a interagir. E a pergunta-chave agora é: *como desapegar para co-construir sem perder a essência?* Neste momento, trabalha-se no envolvimento dos influenciadores nos detalhes da solução, avaliação das mudanças, impactos e ações, estabelecimento de estratégias para sustentar a comunicação, plano de treinamento e envolvimento dos multiplicadores.

Implementação da solução – Comprometimento – Gerir processos vivos e adaptar-se à mudança é o que é feito neste momento. Tudo está em movimento. Aprender a gerir é vital. Então, agora, a pergunta é *Com quem posso contar para disseminar e sustentar a mudança?* Faz-se o desenho do plano de sensibilização, mapeamento da prontidão para as principais mudanças, abordagem aos usuários-chave e desmobilização da equipe.

Operação – Sustentação – Sustentar a nova cultura e preparar o novo ciclo faz parte desta fase. Aprender a autogerir e renovar é vital. A pergunta orientadora, nesta etapa, é: *Como manter a mudança e dar o próximo salto?* Compõem este momento: avaliação dos resultados, reforço de comunicação, levantamento dos aprendizados realizados e aplicação da estratégia da sustentação.

A Figura 3 mostra o casamento entre as fases do processo (dimensão técnica) e as fases da mudança (dimensão humana). Esta imagem será retomada mais adiante, com outro visual e acrescida de novos conceitos. Ela representa um dos pilares desta abordagem e, por simples que pareça, esconde muitas camadas.

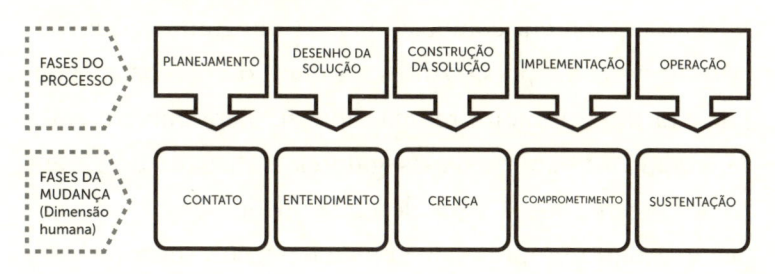

FASES DO PROCESSO	PLANEJAMENTO	DESENHO DA SOLUÇÃO	CONSTRUÇÃO DA SOLUÇÃO	IMPLEMENTAÇÃO	OPERAÇÃO
FASES DA MUDANÇA (Dimensão humana)	CONTATO	ENTENDIMENTO	CRENÇA	COMPROMETIMENTO	SUSTENTAÇÃO

Fonte: Programa de Formação em Gestão da Mudança

Figura 3 – Casamento das fases do processo (dimensão técnica) com as fases da mudança (dimensão humana)

As coisas podem não dar certo quando os dirigentes insistem em tocar as fases do processo sem cuidar das fases da mudança. Vou contar um caso, sem dar nomes que presenciei a partir do meio do furacão.

A companhia AlfaBeta atua na fabricação de produtos químico-farmacêuticos nos Estados Unidos e vem oferecendo soluções inovadoras, disponibilizando alta tecnologia aos profissionais da saúde. Sua unidade brasileira tem aproximadamente 300 funcionários. Em linha com seu crescimento e desenvolvimento, AlfaBeta decidiu instalar no Brasil a ferramenta ERP, cuja implantação nos demais países da América Latina havia sido feita com sucesso, mediante a contratação de uma consultoria de gestão de mudança. Um aprendizado já incorporado da AlfaBeta havia sido, portanto, um diferencial nesse processo. Com base nisso, a unidade brasileira também contratou uma equipe para apoiar as pessoas impactadas pela implantação do ERP.

Essa equipe era composta por 12 integrantes, que vieram de outra empresa. Antes da chegada da consultoria, foi feita uma primeira reunião interna para alinhamento. Aguardava-se para os dias seguintes a chegada do gerente do projeto, papel a ser desempenhado por um gerente de uma outra empresa. A implementação estava prevista para dali a seis meses. Haveria o suporte de uma equipe de especialistas experientes em ERP, vindos de diferentes unidades nos outros países da América Latina.

A direção da AlfaBeta tinha a expectativa de que a equipe de gestão de mudança a auxiliasse em todas as fases do projeto, quebrando possíveis resistências e levando os colaboradores ao entendimento de que o trabalho iria mudar, pois o que estava em andamento era mais do que a mera implantação de um sistema. Além disso, desejava que a equipe garantisse que todos recebessem a mesma informação e padronizasse processos e procedimentos com as demais unidades da região.

Logo de início, a consultoria constatou que a cúpula brasileira não estava ligada com a realidade do projeto. Tinha a ideia formada de que se deu certo na América Latina, daria certo no Brasil. As pessoas envolvidas não conheciam a ferramenta, nem mesmo o gestor indicado para ser gerente do projeto sabia do que se tratava. Não havia clareza para a unidade sobre o porquê da decisão, vinda de fora, de introduzir aquela ferramenta. Também não havia clareza sobre os papéis e as responsabilidades dos membros da equipe interna do projeto. O prazo não era realista e a comunicação entre os interlocutores do projeto era cheia de curto-circuitos.

Por mais que uma iniciativa tenha sucesso em determinado lugar, isso não garante que tenha sucesso em outro, com a cultura diferente, outra realidade das pessoas, outras formas de trabalho. Para complicar, o grupo de profissionais da América Latina, apesar da experiência, não podia dar toda sua atenção à AlfaBeta porque estava sendo utilizada também na unidade de outro país. O ambiente político era bastante tenso. Nem o escopo da mudança e nem suas possíveis consequências estavam claros. Muitas eram as reuniões infrutíferas em toda a empresa, e havia grande dificuldade de mudança no modelo mental por parte dos antigos de casa.

A orientação dada pela consultoria de gestão de mudança foi adiar o projeto em si e, num primeiro momento, preparar o terreno trabalhando as equipes para entender o que iria acontecer. A empresa AlfaBeta, entretanto, tinha pressa e não levou a sério a sugestão.

Conclusão: o projeto não resistiu. De nada valeram os esforços da equipe para promover integração, o mapeamento dos influenciadores, os cuidados na comunicação, a clareza na identidade do projeto e o mapeamento das mudanças e dos impactos iniciais. De fato, o projeto paralisou quatro meses depois. Os gestores contabilizaram muitas despesas inúteis e desgaste no clima organizacional. Eles não levaram em conta que sem transição não há mudança.

A gestão da mudança precisa alertar para todas essas questões e isso foi feito no caso em pauta, mas às vezes o GM, por não criar vínculo forte com os tomadores de decisão, não consegue se antecipar e influenciar nas decisões para que elas levem à sinergia de esforços. Sem a ação firme de um GM, já na conscientização da diretoria, a situação pode ficar insustentável.

Uma mudança mobiliza interesses pessoais, egos, medos, ganâncias e outros tantos sentimentos. Os gestores da mudança atuam junto a pessoas que estão passando por transições psicológicas e muita pressão. E quando o fator humano não é levado em conta, os esforços, mesmo os mais organizados, não se revertem a favor do bem comum. Vários são os projetos mal sucedidos por essa razão.

O grande movimento do GM consiste em gerir constantemente os acordos com a intenção de eliminar desconfianças. Isso resulta em uma grande expansão de informações e de realizações ao longo do processo de mudança.

Mostrar aos funcionários slides plenos de informações sobre o programa que será implementado, explicar um fluxograma detalhado, revelar valores de investimento no país e no exterior não ajudam a força de trabalho no entendimento de suas transições internas, nem criam automaticamente a necessária coalizão para a travessia de um processo por vezes penoso, por mais numerosos e bem feitos que sejam os slides. Tal acontece, primeiro, porque a memória retém muito pouco do que é visto. Segundo, porque o medo do que está por vir é, internamente, o assunto mais importante. Além disso, as pessoas precisam se sentir participantes de fato nas decisões. Investir mais tempo no envolvimento e em construir juntos as ideias pode reduzir a necessidade de lidar com desentendimentos, descrenças e falta de comprometimento.

É bastante comum esta situação: implementado o projeto, a organização percebe que as pessoas não estão performando como se esperava, que as metas não serão atingidas. Corre-se, então, para contratar às pressas algum consultor para melhorar o clima. Porém, a depender da mudança que esteja sendo promovida, as coisas só irão melhorar se houver um modelo criado para administrar sistematicamente os processos internos de transição. A cultura precisa ser levada em conta. O jeito de ser da liderança e da organização precisa ficar como pano de fundo no processo de gestão da mudança. Há que se encontrar o equilíbrio entre as necessidades da empresa e as realidades internas dos colaboradores.

Os insucessos ocorrem por muitos motivos. Por vezes, o presidente insiste em um caminho arriscado, apesar de receber alertas como "cuidado, está pegando fogo aqui". Ele pode ter acolhido o alerta, mas talvez tenha procurado solucionar apenas numericamente, colocando mais profissionais no projeto. Pode ter tido um batalhão entrando sem preparo, emitindo comunicados contraditórios. Do outro lado, as pessoas podem ter recebido as ordens com descrédito e resistência. O presidente pode não ter visto que tudo o que era necessário era mais tempo para os envolvidos. Não se pode realizar bem em seis meses um projeto ou um programa de mudança que precisaria de um a dois anos para se efetivar. Esse foi um caso real em que, infelizmente, a transição não foi considerada.

1.3. Parceria entre o gestor do projeto e o gestor da mudança

O papel do gestor do projeto é diferente do papel do GM, mas é fundamental que essa dupla esteja em perfeita sintonia – um ajudando o outro. O GM entende a cultura organizacional e sabe como lidar com a transição dos indivíduos. Já o gestor do projeto domina as informações sobre o negócio, o escopo, a estratégia organizacional e o orçamento, entre outras coisas.

Enquanto o gestor do projeto estabelece datas, aloca equipes e ajusta as ações ao orçamento, o GM ouve as pessoas da empresa sobre suas expectativas, preocupações e recomendações. Além disso, avalia como o projeto as afeta. Essa dupla de gestores ganha sincronismo com as necessidades do pessoal e com os resultados almejados pela alta administração na medida em que busca respostas para perguntas como:

- O que nos une?
- O que significa reunir as fases do processo (dimensão técnica) com as fases da mudança (dimensão humana)?
- Quais ações da GM irão caminhar na velocidade das ações que estão no cronograma do projeto?

Na fase de planejamento, por exemplo, buscar respostas a essas perguntas tomará boa parte do tempo dos dois líderes. Esse tempo será enormemente compensado pela harmonia que se está plantando. Um dos grandes desafios do GM está em fazer a visão estratégica da mudança ser compreendida, respeitada e praticada por todos os envolvidos, pois irá transformar dúvidas, desconfianças e medos em entendimento, crença e comprometimento. O segredo é entender indivíduos, perceber o funcionamento de grupos e reconhecer os valores da organização.

Começa nesse momento o desenho da estratégia da mudança. É importante deixar claro o que será entregue em cada uma das fases, tanto do projeto como da mudança. É fundamental ter claro quem será o zelador dessa visão. O GM resgata o valor de cada ação e passa as informações de forma simples e clara. A mudança coletiva é maior que a mudança individual. Sendo assim, a jornada pode ser mais importante do que o destino. Sentir o outro passa a fazer parte da validação do caminho. Estar 100% presente, então, é outra qualidade necessária.

Algumas perguntas começam a surgir na cabeça do GM, e são compartilhadas com o líder do projeto enquanto zelador do processo:

- Como garantir que o valor da mudança seja compreendido pela empresa?
- Como convencer o patrocinador de que a mudança precisa levar em conta as pessoas?
- Como lidar com a mudança sem desanimar?
- É importante ser especialista em gestão de projetos para ser um gestor da mudança?
- Como conduzir uma mudança em um cenário de desmotivação?

É só o começo das questões que permeiam a parceria entre essa dupla. Se ambos não "esvaziarem a xícara", se não estiverem abertos para olhar a mesma coisa de formas diferentes, como irão orientar os demais? Para ambos, é imperativo ouvir o máximo possível e ser humilde para começar o caminho do desaprender. A comunicação, afinal, começa consigo mesmo.

1.4 Antroposofia: um olhar abrangente sobre o indivíduo e a organização

Tenho na antroposofia as bases que orientam minha vida pessoal e profissional. Essa visão de mundo traz certos princípios que são esteios nesta abordagem da gestão de mudança. A antroposofia foi criada por Rudolf Steiner (1861-1925), filósofo e educador alemão que deixou uma vasta obra cobrindo diversas áreas do conhecimento (saúde, agricultura, pedagogia etc.). Ele partiu da teosofia, área de estudo muito em voga em sua época, e desenvolveu um pensamento próprio, ao qual denominou *antroposofia,* palavra que em grego significa estudo do ser humano. A antroposofia vê a natureza e o ser humano como partes de um todo e contempla diferentes aspectos, inclusive o espiritual.

Há médicos antroposóficos, veterinários antroposóficos, escolas infantis antroposóficas, e – por que não? – administradores de empresa antroposóficos. No Brasil, dois grandes pioneiros são os consultores Jair Moggi e o suíço--brasileiro Daniel Burkhard, parceiros por longas décadas na Adigo Consultoria. Ambos são bastante conhecidos, e são importantes inspiradores da visão espiritual da empresa. Seus livros são referenciais indispensáveis em administração antroposófica[3]. Têm muitos livros publicados e

---
3. www.adigo.com.br

formaram diretamente inúmeros de nós, profissionais ligados a essa filosofia.

Utilizo, da antroposofia, os seguintes *princípios arquetípicos* (ou princípios explicativos) para entender a gestão de mudança: trimembração humana, trimembração social, quadrimembração do indivíduo, quadrimembração organizacional e ciclos biográficos.

Se você estranhou os termos, vou explicar rapidamente cada um deles. Sim, tri e *quadrimembração* têm a ver com *membros,* e são termos criados por Rudolf Steiner, no idioma alemão. Denominam partes integrantes de todo ser. Vou explicar melhor nos próximos parágrafos. Para quem quiser uma explicação mais ampla sobre os conceitos da antroposofia, há muitos livros a respeito, boa parte publicada pela Editora Antroposófica. E na internet também há muita coisa a respeito, como no site da Sociedade Brasileira de Antroposofia[4]. Procure "Rudolf Steiner" e "antroposofia" em sites de busca e você verá toda a amplitude da obra desse mestre. Suas ideias continuam vivas e gerando novas e novas contribuições de diferentes áreas da atuação humana.

Trimembração humana

Para a antroposofia, o ser humano é muito mais do que um corpo físico. Como todo elemento presente na Terra,

---
4. www.sab.org.br

fazemos parte de um conjunto mais amplo, com aspectos materiais e imateriais. Em outras palavras, à dimensão física do corpo correspondem outras dimensões da realidade. A visão trimembrada do homem considera os três grandes componentes físicos – cabeça, tronco e membros –, em seus aspectos materiais e imateriais. Neles ocorrem, respectivamente, o pensar, o sentir e o querer, como ilustra a Figura 4.

O *pensar* ocorre em nosso sistema neurossensorial, com sede no cérebro, um órgão imóvel e bem protegido pela caixa craniana, a parte menos quente do ser humano. O sistema neurossensorial se espalha por todo o corpo por meio da inervação. Na sua aparente imobilidade, o cérebro coordena toda a nossa percepção e nossa movimentação. Na dimensão imaterial, esse aparato se presta ao pensar. O pensamento, quando se está saudável, é lógico, claro, racional. Moggi e Burkhard, no livro O *capital espiritual da empresa*[5] dizem que "De tudo o que é físico e chega ao cérebro, depois de captado pelos órgãos dos sentidos, o pensar se identifica com o que não é material. Exemplo: dos alimentos, capta o gosto; do ar, o som; de uma montanha, a imagem (cor, forma, luminosidade etc.). É como se o cérebro desmaterializasse as coisas físicas e ficasse apenas com sua essência."

---

5. MOGGI, Jair; BURKHARD, Daniel. *O capital espiritual da empresa – A importância da gestão intuitiva nos negócios.* Ed. Campus, São Paulo, 2009.

Em termos práticos, é no pensar que um GM foca sua atenção logo de início. Ele busca reconhecer toda e qualquer dúvida, necessidade ou expectativa das pessoas em relação à mudança. Ele começa, a partir de uma percepção sutil, a entender do que de fato cada indivíduo precisa para que sua transição seja feita com o mínimo de dificuldade. É fundamental a percepção dos indivíduos e do ambiente, para que todas as ações sejam feitas e as pessoas sejam envolvidas de acordo com a leitura do cenário. A transição precisa ser levada em conta. Há muitos cuidados a serem tomados, mas o principal é que o GM e toda a liderança considerem as suas necessidades, pelo fato de serem o tempo todo o alvo das pressões e tomadas de decisão. Gestores da mudança e liderança que não levam em conta suas próprias transições não conseguem apoiar de forma sustentável a mudança. Como vai conduzir o entendimento do significado e do propósito da mudança se eles mesmos estiverem perdidos no tiroteio?

O *sentir* está no sistema rítmico do corpo humano: coração, pulmões e sistema circulatório. É nossa instância de contato com o mundo. A respiração, no movimento compassado de inspiração e expiração, é uma forma de interagirmos com o que nos rodeia e estarmos presentes. É na esfera do sentir que nos relacionamos emocionalmente com o mundo. Moggi e Burkhard pontuam que "O sentir é a energia que faz a ponte entre o querer e o pensar e está sempre atuando em polaridades entre simpatia e antipatia.

É uma energia muito sutil e volátil. Por exemplo, se você está dirigindo um carro com tranquilidade e, de repente, é fechado por outro veículo, o normal é mudar rapidamente de estado de espírito, de calmo para agitado, todo o sistema rítmico se altera, respiração e circulação".

O GM, atento a esse aspecto no ser humano, procura estabelecer os acordos necessários para que todos juntos criem o caminho da transição e da mudança. Com seu olhar de inclusão, percebe se todos querem participar e cria vários mecanismos para abarcar a todos, levando em conta as resistências e as capacidades presentes. Dessa forma, ele cuida da construção de um ambiente de confiança. Mais uma vez, isso é obtido se o GM estiver, ele próprio, de coração aberto para poder tocar os outros corações.

Querer está vinculado ao sistema metabólico locomotor – músculos, mãos, pernas, aparato vocal, sistema digestório, aparelho reprodutor. No querer está nossa força de transformação, que concretiza ideias e impulsos instintivos, causando mudanças à nossa volta. Acho interessante a maneira como Jair Moggi e Daniel Burkhard explicam a ligação entre pensar e querer: "Se o pensar capta o ambiente externo e o internaliza através de um processo de desmaterialização, podemos dizer que as forças do querer materializam no ambiente externo as imagens mentais."

Às vezes, durante a mudança, fica difícil obter o comprometimento de todos porque há resistências, e resistência pode ser a parte visível do medo, que não pode ser desconsiderado. Talvez o GM tenha de resgatar um pouco da segurança perdida, em alguns, ou desenvolver novas capacidades, em outros.

Quero salientar, com o conceito de trimembração, que um GM lida com expectativas (pensar), estabelecimento de acordos (sentir) e investigação de capacidades (querer). O impacto de uma mudança, no pensar, movimenta ideias e convicções, traz dúvidas e incertezas. No sentir, elicia sentimentos e valores, gera desconfiança e insegurança. E no querer, mexe com hábitos e rotinas, criando medo e indecisão.

É com esse olhar que o GM cuida do comprometimento de todos. Cada pessoa precisa ser tratada com muita atenção a fim de que saiba o que falta para suas ações serem colocadas no mundo. Às vezes só falta simplesmente lembrar a todos que as pessoas podem ser elas mesmas, sem temer o sistema empresarial ou mesmo a opinião dos outros. Para que as coisas deem certo, o GM deve estar convicto de que cada um pode, a partir de escolhas responsáveis, fazer o seu melhor. Basta que a liberdade de expressão e de ação seja incentivada.

Fonte: Adigo

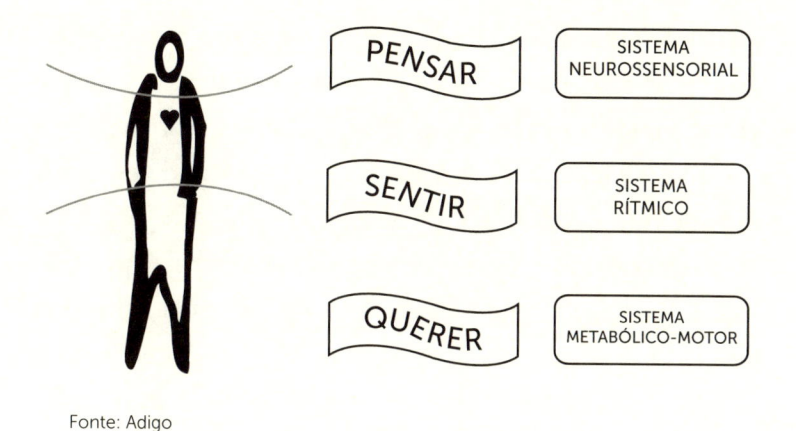

Figura 4 – A trimembração

Durante uma transformação, nem sempre o colaborador capta rapidamente o que está acontecendo, e fica um tempo sem saber como agir diante da nova circunstância. Necessita do apoio de um expert para reorganizar seu *pensar, sentir e querer*. Quando a transição interna dos colaboradores é bem conduzida, esses três aspectos do ser humano são atendidos. Vejamos outro caso inspirado em fatos reais:

A empresa GamaDelta, do segmento de construção, precisando fazer ajustes para continuar em crescimento, decidiu implantar a mesma ferramenta de ERP do caso anterior em sua unidade de Porto Alegre. O principal objetivo desse projeto era utilizar as melhores práticas relativas à nova ferramenta e minimizar riscos e impactos, substituindo de forma gradual o sistema antigo utilizado em suas obras. Previa envolver aproximadamente 700 usuários finais em uma primeira fase, havendo a necessidade imediata de comunicar a 8.000 pessoas alocadas no Brasil e em outros países.

A implantação do projeto contou com uma equipe composta por aproximadamente 43 representantes de áreas da empresa, todos com bom conhecimento específico do negócio, e 57 consultores externos, sendo quatro deles membros de uma consultoria em gestão de mudança.

As expectativas que a empresa GamaDelta depositava nessa consultoria eram: planejar e estruturar a estratégia de comunicação do projeto e envolver os influenciadores; discutir e direcionar os impactos; capacitar instrutores e facilitadores, além de apoiar as principais diretrizes de treinamento; sensibilizar a todos para entenderem e acreditarem na nova maneira de trabalhar; obter forte comprometimento.

A primeira constatação da consultoria, logo ao entrar, foi a necessidade de distinguir quais interlocutores tomavam as decisões da empresa e quais decidiam sobre o projeto em si. Em seguida, os consultores perceberam que seria importante, de imediato, levantar e alinhar as expectativas por meio de entrevistas individuais a fim de criar uma equipe capacitada. Notaram que o gerente do projeto, muito bem relacionado na organização, patrocinava internamente a implantação e era um grande gestor.

Na sequência, a consultoria decidiu com membros da diretoria sobre a maneira como a estratégia daquele projeto seria comunicada aos diferentes níveis de colaboradores. Fez diversas entrevistas, e uma estratégia abrangente de comunicação foi desenhada a várias mãos e foi validada por todos. A consultoria identificou onde se encontravam as áreas resistentes e preparou a equipe do projeto para trabalhar nesses focos.

Foram desenhados, com a participação de todos os interessados, a governança do projeto, os papéis e as responsabilidades, além de método, regras de trânsito e cronograma de trabalho. Isso facilitou muito o comprometimento da equipe do projeto e do pessoal das áreas que seriam impactadas pelas mudanças.

Depois, iniciou-se o envolvimento das unidades do Brasil e dos outros países de forma integrada. Em cada país, foi selecionado e capacitado um conjunto de multiplicadores, que seriam responsáveis por comunicar e adequar o projeto às circunstâncias de cada local. Reuniões estruturadas eram realizadas frequentemente com os principais interlocutores, e todo o desenho do projeto era validado gradativamente nos diferentes níveis hierárquicos. Esforços de envolvimento, campanhas e capacitações tornavam o projeto uma propriedade de todos.

Quando chegou o momento do treinamento e da implantação efetiva do software, todos queriam estar presentes para ajudar em "mais uma história de sucesso da organização", como declarou o gerente do projeto. A gestão da mudança era reconhecida como estratégica e o patrocínio de todos os tomadores de decisão era nítido.

Houve problemas? Sim, vários. Mas a diferença entre as empresas AlfaBeta e a GamaDelta está justamente na forma como os problemas operacionais foram tratados. Na segunda empresa, sempre houve ampla ajuda mútua. As pessoas foram ouvidas por meio de vários canais – telefonemas, reuniões, campanhas, capacitações, coaching para a liderança do projeto etc. Foi grande o trabalho da consultoria e do pessoal da empresa, mas passados alguns anos o projeto ainda gera frutos e todos cresceram com ele. Novas implantações estão sendo feitas e as pessoas que passaram por aquela primeira etapa estão hoje sendo utilizadas para transmitir as lições a outras. O bem comum predominou sempre. Os interesses pessoais, contemplados a tempo, serviram para se adequarem necessidades e expectativas. Não serviram de combustível para uma guerra de desejos, egos e medos, nem para o exercício de controle de uns sobre outros. Expectativas, acordos e capacidades foram verdadeiramente considerados. Eis aqui um caso de sucesso, em que a transição foi levada em conta.

Trimembração social

Para tratar da trimembração aplicada não ao ser humano, mas às nossas sociedades, trago as ideias do consultor antroposófico Lex Bos. Ele tem uma longa carreira embasada nos princípios de Rudolf Steiner e é um dos criadores do Triodos Bank[6], instituição financeira formada em princípios humanistas, que tem entre seus produtos a oferta de microcrédito. Bos escreveu *Desafios para uma pedagogia social*[7],

---
6. www.triodos.com

7. BOS, Alexander. *Desafios para uma pedagogia social*. Editora Antroposófica, São Paulo, 1986.

publicado no Brasil em 1986. O livro é a compilação de diversas palestras que fez em São Paulo, promovidas pelo NPI – Nederlands Paedagogisch Instituut, entidade holandesa dedicada ao desenvolvimento das empresas sob o foco da antroposofia.

Assim como cada ser humano tem as três dimensões básicas que descrevi antes, os agrupamentos humanos são trimembrados, em:

* *Esfera espiritual* (também denominada *vida cultural*) – composta pelas ideias, relacionamentos e outras realidades intangíveis. Os humanos precisam de liberdade para se desenvolver a contento.
* *Esfera jurídica* (ou *vida do direito*, ou ainda *vida normativa*) – âmbito da vida social em que a igualdade de direitos é garantida para todos (ou melhor, deveria ser garantida para todos).
* *Esfera econômica* – centrada na distribuição do trabalho e na fraternidade entre os componentes dos grupos sociais.

Steiner já teria formulado a ideia de trimembração social havia muito tempo, mas em 1917, sensibilizado pelos sofrimentos que a Primeira Guerra Mundial estava causando, tratou de torná-la pública com mais força. E a partir dessa vivência, trouxe o conceito da trimembração no mundo, na tentativa de propor uma nova ordem social, mais saudável. Ele apontou que a sociedade precisava desenvolver qualidades em cada uma destas esferas: liberdade, no âmbito espiritual; igualdade na área jurídica; e fraternidade na economia.

Considero esse princípio arquetípico bastante rico e muito necessário no mundo atual e principalmente para o trabalho do GM, que na maioria do tempo tem a missão de reeducar a liderança que talvez não tenha sido capacitada com esse olhar. Apropriando-se dos conceitos da trimembração social, terá uma visão mais ampla para auxiliar na criação de novas ideias e na transparência das informações (sustentando a liberdade espiritual). Outra oportunidade para o GM é atuar nos acordos e igualdade de direitos das pessoas que serão impactadas pela mudança (esfera jurídica) e poderá trazer à mente dos tomadores de decisão o quanto as necessidades e expectativas estão sendo, ou não, levadas em conta (esfera econômica).

Tudo isso torna o trabalho do GM mais sustentável pelo fato de abordar a mudança de forma saudável e a conduzir a transição com foco no desenvolvimento dos indivíduos, dos grupos, da organização e da sociedade como um todo. O arquétipo de trimembração social é de grande valia quando se está trabalhando a manutenção de condições recém-conquistadas.

Bos acrescenta que a *esfera econômica* lida com o homem carente, necessitado de matérias-primas, de atuação conjunta com os demais, do fluxo de mercadorias etc. A *esfera jurídica* zela pelos direitos dos indivíduos e um de seus focos é evitar que fatos da vida econômica, por exemplo, invadam a vida espiritual ou a vida cultural. Em outras palavras, a vida jurídica age para que as outras áreas estejam em equilíbrio, para o homem poder evoluir de maneira saudável. Trata, então de que os egoísmos estejam controlados e não prejudiquem a sociedade. Isso é bem a tarefa da gestão de mudança.

A vida jurídica protege a vida espiritual de violações e de falta de liberdade para se desenvolver, disse Bos em sua palestra. Criatividade, arte, pesquisa, educação, terapia são elementos da *esfera espiritual,* associada à capacidade humana de evoluir. Ele afirma que um artista, assim como um cientista, um religioso, um profissional da educação e outros, coloca-se em contato com o mundo espiritual ao produzir suas obras. A vida espiritual inclui a luta contra a preguiça de crescer, os desejos e as ânsias descontrolados. Durante um programa profundo de transformação empresarial, ficam muito claras essas três esferas e os atritos que acontecem entre elas quando as coisas não estão bem equilibradas. Esses atritos dão muito trabalho para as lideranças, especialmente para a dupla gestor da mudança e gestor do projeto. Falando assim, na teoria, parece até simples tratar das crises que acontecem durante determinados períodos de transformação organizacional. Se já é difícil conciliar as três esferas em tempos de águas calmas, quem dirá nos tempos mais turbulentos.

Lex Bos alerta para as maneiras como os seres humanos confundem os âmbitos da trimembração social e provocam ou permitem transgressões dos limites entre as três esferas, o que é altamente danoso, a seu ver. A História é plena de amostras de transgressões no passado e no nosso presente. A motivação de Steiner, ao propor a trimembração social mais enfaticamente durante a Primeira Guerra, era levar os seres humanos a um melhor discernimento quanto aos três âmbitos da vida em sociedade, para minimizarem as transgressões e agirem para que o futuro do ser humano fosse melhor do que o que se vislumbrava naquela época.

Complemento minhas palavras com a Figura 5, sobre a qual convido o leitor a pensar.

LIBERDADE/PENSAR

ESFERA SOCIAL
- percepção de si próprio
- valorização da diversidade
- ambiente favorável
- identificação - missão, valores
- espaço - tomada de decisão

Ampliação das ideias

- processos
- políticas
- regras
- procedimentos

Formação de acordos

ESFERA JURÍDICA

IGUALDADE/SENTIR

ESFERA ECONÔMICA
- orçamento e rentabilidade
- plano de ação
- retorno
- investimento

Atendimento das necessidades e expectativas

FRATERNIDADE/QUERER

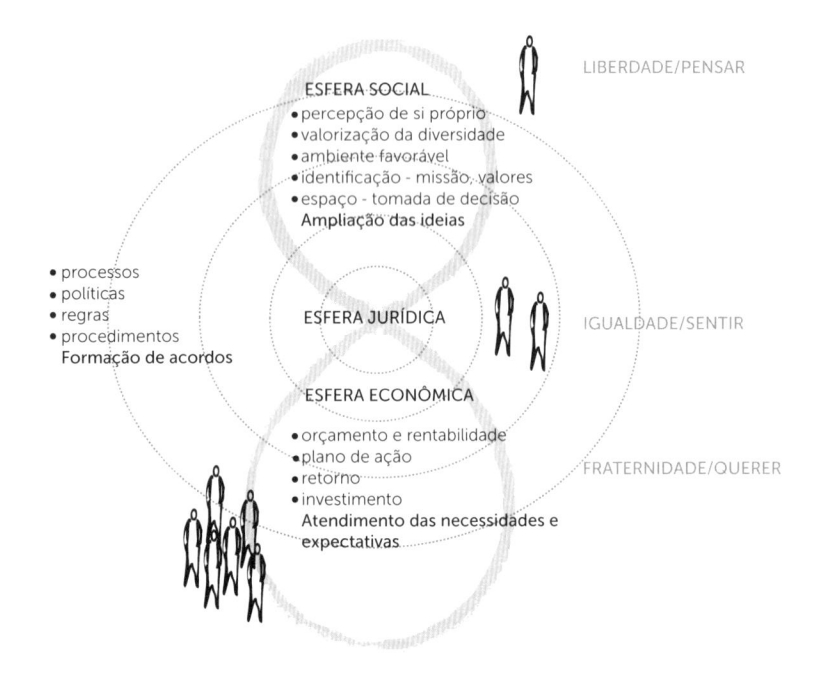

Figura 5 - Trimembração social

O conceito antroposófico da trimembração social ancora a gestão de mudança, reafirmo, destacando as dimensões mais sutis dos agrupamentos sociais. Abraço totalmente esse arquétipo em meu trabalho e vejo nele muito sentido, pois sem considerar a liberdade, a igualdade e a fraternidade, como os gestores conseguiriam garantir a sustentabilidade de uma mudança? Como obter resultados positivos e duradouros se as pessoas se sentirem intimidadas, desrespeitadas e enganadas?

Isso me lembra do caso AlfaBeta, que relatei. Na verdade, a cultura organizacional vinha já com tomadas de decisão que não levavam em conta as pessoas que geriam a mudança, havia acordos que não estavam sendo cumpridos e com isso alguns desconfortos começaram a surgir entre as áreas. Os conflitos eram tratados com panos quentes, sob clima de desconfiança, e os funcionários não se sentiam reconhecidos. Toda essa falta de sintonia estava transparecendo nos resultados financeiros, que evidenciavam uma baixa de performance organizacional. Quando a sede acenou com a troca da ferramenta, alguns gestores sentiram como uma imposição. Com certeza, as esferas econômica, jurídica e espiritual de toda a unidade não iam bem.

Quadrimembração do indivíduo

A antroposofia nos fala de outra subdivisão do ser humano, a *quadrimembração*, que traz muitas luzes ao entendimento da transição interna. Existimos ao mesmo tempo em quatro níveis de manifestação, como quatro corpos que agem conjuntamente, mas cada um em um âmbito específico. Quanto maior for a harmonia entre esses quatro níveis, mais saudável se mostrará nosso organismo.

- No nível 1, temos o eu, a nossa história única de vida. Idealmente, este nível, a partir da expansão da consciência e do autoconhecimento, mantém todos os nossos quatro corpos em saúde e harmonia, para exercermos boa influência em nosso ambiente.
- No nível 2, temos o *corpo astral*, lar das sensações, emoções e cobiças, que nos permite ter e perceber os nossos sentimentos e os sentimentos à nossa volta.
- O nível 3 consiste do *corpo vital* (também denominado *corpo etérico ou corpo fluido*), responsável pelos processos vitais como a digestão e a respiração. É o que sustenta a vida do corpo físico e o regenera quando há alguma doença ou ferimento.
- No nível 4, temos o corpo físico, que é composto de ossos, músculos, pele, veias etc., e, para a antroposofia, pertence ao reino mineral.

Quando uma mudança externa ocorre, como no caso de uma mudança de casa, levamos um tempo reorganizando nossos quatro níveis de existência no novo ambiente. Por isso é tão importante cuidar do fator humano durante uma transformação organizacional, para que as pessoas embarquem nela literalmente de corpo e alma.

Quadrimembração organizacional

O que acho interessante na antroposofia é como aumenta o ângulo de visão no que se refere tanto ao ser humano quanto às suas instituições. Analogamente à quadrimembração do indivíduo, uma organização também tem quatro corpos, ou quatro níveis:

- Nível 1 – a *identidade*, que compreende a biografia da organização e se expressa em visão, valores e missão.
- Nível 2 - as *relações* entre as pessoas (pensamentos, vontades, motivações etc.).
- Nível 3 - os *processos* (fluxo das informações, movimentação de materiais etc.).
- Nível 4 - *recursos* físicos e financeiros disponíveis.

Sendo a organização um ser vivo, ela funciona em harmonia quando as pessoas que as servem cultivam a ligação desses quatro níveis da organização com o indivíduo. Assim, ficam todos "na mesma página" e falando a mesma língua. Os esforços ganham caráter cooperativo e não competitivo. Pensando na empresa como um todo orgânico, o gestor de mudança ajusta suas lentes para enxergar tais ligações e busca, então, reforçar os vínculos. Isso significa, no nível 1, alinhar a identidade, ou seja, harmonizar valores e propósitos das áreas com os valores e propósitos da empresa e a mudança em si. No nível 2, implica ajustar o projeto às outras responsabilidades da empresa, cuidando das relações existentes e das necessidades pessoais decorrentes. Aqui se incluem a comunicação e a definição de papéis. No nível 3, quer dizer ajudar a manter a empresa funcionando, com fluência e harmonia em seus processos produtivos, pois cada uma das áreas tem metas a cumprir, traduzidas em metas individuais. No nível 4, dos recursos físicos, significa que as modificações materiais provocam mudanças também nos níveis 2, 3 e, por vezes, até mesmo no nível 1.

O ser humano, em seu pensar, sentir e querer e em seus quatro corpos, relaciona-se com as organizações fazendo conexões com a identidade, as relações, os processos e os recursos da empresa. Nisso são criados fortes vínculos de identificação, motivação, dedicação e segurança. Essa intrincada rede está representada esquematicamente na Figura 6.

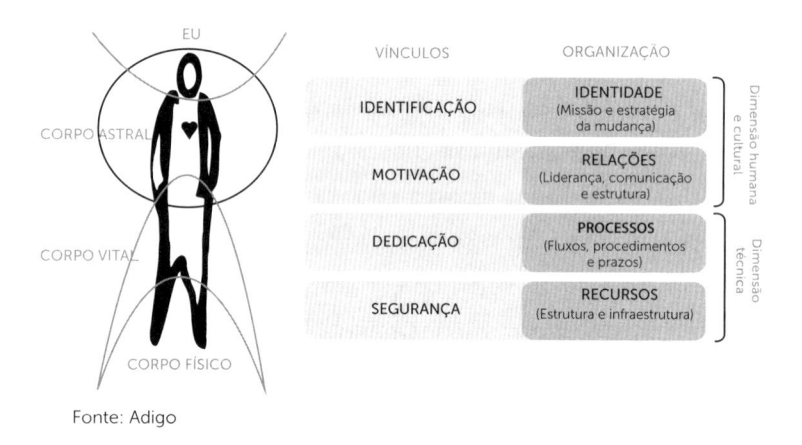

VÍNCULOS	ORGANIZAÇÃO	
IDENTIFICAÇÃO	IDENTIDADE (Missão e estratégia da mudança)	Dimensão humana e cultural
MOTIVAÇÃO	RELAÇÕES (Liderança, comunicação e estrutura)	
DEDICAÇÃO	PROCESSOS (Fluxos, procedimentos e prazos)	Dimensão técnica
SEGURANÇA	RECURSOS (Estrutura e infraestrutura)	

Fonte: Adigo

Figura 6 – Conexões entre a quadrimembração do ser humano e a quadrimembração das organizações.

O princípio arquetípico da quadrimembração permite o desenvolvimento de um método, um caminho, para o GM cuidar da autopreservação dos indivíduos. E na medida em que isso acontece, a sustentabilidade da organização fica mais assegurada. Infelizmente, vejo em muitas empresas a obsessão por resultados imediatos atropelar esse bem-estar básico, tanto para nos indivíduos quanto para na organização.

Ciclos biográficos

Um último conceito da antroposofia que quero apresentar (para quem não conhece) é a ideia relativa aos setênios. Rudolf Steiner estudou comparativamente as diferentes faixas etárias e verificou que ocorrem importantes mudanças na nossa vida de sete em sete anos. A partir da noção de setênios, Steiner elaborou a tese de ciclos biográficos de desenvolvimento. Cada um dos ciclos, desde o nascimento até a morte, tem características e necessidades próprias. Os ciclos biográficos dos seres humanos são objeto de estudos de educadores, terapeutas, médicos, artistas, administradores e outros profissionais, sempre trazendo importantes insights.

É um excelente modelo para se pensar a gestão de mudança, pois ajuda a compreender as maneiras individuais de apreender o novo. Não pretendo trazer aqui um aprofundamento maior nesse tema, bastante estudado na antroposofia. O leitor encontrará facilmente livros dedicados ao assunto[8].

Nos três setênios iniciais (de zero a sete anos; de sete a 14; e de 14 a 21 anos) o ser humano praticamente só assimila informações do mundo. Neste primeiro mergulhar da vida, o indivíduo recebe de sua família valores e crenças, que irá colocar em xeque na escola e com seus amigos. Em seguida, no quarto setênio, entrando mais no processo de individuação e emancipação, buscará respostas à pergunta "quem sou eu?", uma tônica dessa faixa etária. Da experiência que vai adquirindo na convivência em casa, no trabalho e em outros ambientes, testa capacidades e começa a entender o seu eu.

No setênio seguinte estará lutando pela vida, dedicando-se ao estudo, trabalho, casamento, filhos, moradia e à aquisição de bens materiais que lhe permitam ter e dar o necessário para viver de maneira estruturada. No período, dos 30 aos 50 anos a grande pergunta é: *O que quero me tornar?*. Por volta dos quarenta anos, talvez comece uma jornada de consciência mais expandida e aos 50 (começo do sétimo setênio), em geral, o indivíduo já coleciona bastante aprendizado. Nos últimos setênios, com uma identidade melhor estabelecida, desenvolve seu próprio *modus operandi*, e isso pode ser um facilitador ou um complicador em momentos de transformação organizacional.

---

8. Sugestão de livros: (1) *Assuma a direção de sua carreira – Os ciclos que definem o seu futuro profissional*, de Jair Moggi e Daniel Burkhar, Editora Elsevier; (2) *Bases Antroposóficas da Metodologia Biográfica - a biografia diurna*, da doutora Gudrun Burkhard, Editora Antroposófica. (3) *Livres na terceira idade! – As leis biográficas após os 63 anos*, de Gudrun Burkhard, Editora Antroposófica.

Para o GM, importa ter os ciclos biográficos em mente para compreender melhor a origem de determinados comportamentos e, com paciência e sensibilidade, encontrar a melhor maneira de apoiar os ajustamentos internos ao que acontece externamente. Uma pessoa difícil e resistente pode ter recebido pouco amor nos primeiros setênios. Talvez tenha trabalhado demais na adolescência, ou tenha arcado com responsabilidades pesadas quando ainda estava imatura. Transformou-se, então, em um adulto com maior necessidade de amor, pertencimento e segurança.

Conhecer os ciclos biográficos é uma ferramenta preciosa para se entender como as pessoas atuam nas diferentes faixas etárias. Oferece conhecimentos para o GM ser habilidoso na atribuição de papéis e responsabilidades. Nosso pensar atual depende de como tenhamos absorvido conhecimentos no passado. Nosso sentir é marcado pelas experiências que tivemos desde bebês, e nosso querer decorre de como vimos atuando no mundo. Em setênios anteriores, um indivíduo pode ter aprendido a batalhar apenas pelo interesse próprio ou, ao contrário, desenvolveu-se na defesa do bem coletivo.

1.5 Autoconhecimento: a ferramenta mais importante é invisível

Não gerenciamos bem uma mudança sem gerenciar nossa própria transição, como já escrevi lá atrás. Um GM eficiente costuma ter já algum nível de senioridade. Já investiu bastante em seu próprio crescimento e não está mais, em tese, sob o domínio das paixões. E não poderia ser de outro jeito. Imagine alguém em crise de depressão gerindo uma mudança delicada. Que grau de esperança transmitirá aos liderados? Ou imagine um GM altamente egóico e sem equilíbrio emocional. Que confiança ele irá infundir, especialmente se estiver lidando com pessoas que já o conhecem e estão cansadas de conviver com essas facetas de sua personalidade?

Se ele não estiver muito equilibrado, será difícil entender o outro. Sem paz interior, pode ser capturado pela ansiedade dos circunstantes e, em vez de facilitador, ser apenas mais uma forma de resistência no ambiente. Não que o GM seja um super-homem, ou a mulher-maravilha, sem deslizes. Mas se diferencia em comportamento ético e estabilidade emocional, pelo menos em tese. Isso se consegue com muito trabalho de autodesenvolvimento. Autoconhecimento e autocontrole são atributos essenciais a profissionais de diversas áreas. No caso do GM, têm o mesmo peso que o domínio dos conceitos e das ferramentas.

Entre o "navegar" e o "viver", em uma organização, ele movimenta-se essencialmente como um negociador, num momento em que as pessoas estão sendo premidas a sair de suas zonas de conforto. Irá chamar à razão, eventualmente, seus próprios líderes ou contratantes, caso façam exigências descabidas aos colaboradores. Precisa da coragem e independência política de um ombusman para, por exemplo, dizer a um presidente: "O problema não é o projeto, não é o fato de você querer triplicar as metas, é a maneira como vocês estão lidando com os seres humanos. Esse caminho será um desastre".

Sua atuação começa pelo levantamento de expectativas, capacidades, viabilidade de acordos, atribuição de responsabilidades e clarificação das entregas esperadas. Continua com a preparação das pessoas para a transição e a mudança, o apoio ao longo de toda a empreitada, e só termina quando os processos de transição dos envolvidos se mostrem sustentáveis ao longo de tempo, mesmo depois que haja terminado a iniciativa, o projeto ou o programa.

Em minha experiência, vejo que a transição demanda cuidar do desenvolvimento interior dos outros, pois é isso que sustenta uma mudança saudável na organização. Mudança boa é aquela na qual todos crescem. Não dá para trabalhar bem com desenvolvimento de pessoas sem ter um longo trabalho interior. Muito equilíbrio é uma qualidade fundamental para quem, no plano objetivo, se ocupa com:

- Diagnóstico detalhado para o levantamento das expectativas, preocupações e recomendações;
- Desenho da comunicação alinhada com a cultura;
- Cuidado com a definição e o envolvimento dos *stakeholders* (públicos de interesse que são afetados pela operação de uma empresa);

- Formação da equipe;
- Fevantamento de focos de mudança e impactos provocados;
- Conscientização, sensibilização e capacitação dos envolvidos com a mudança.

Digamos que o diretor de operações de uma empresa, por exemplo, após muitos estudos técnicos, contrate um novo sistema de RH, "sistema de classe mundial, que vai ser benchmarking" – comunica ele à organização. As pessoas aceitam e aguardam ansiosas pelas mudanças. Porém, a empresa recebe apenas o software, ou o software mais algum treinamento específico de TI por parte do fornecedor. Estando tudo instalado, surgem naturalmente as seguintes perguntas: O que está sendo mudado? O que será diferente devido à mudança? Quem vai gerir a mudança das pessoas? De que precisamos nos desapegar? (Perguntas desse tipo surgirão novamente neste livro.)

Destaca-se um dos treinadores de RH, muito bom para ensinar pessoas que se dispuseram a fazer seus cursos e workshops. Porém, a empresa é uma fonte viva de relações, como vimos. Bem diferente de dar um curso interno é liderar uma equipe em pleno funcionamento, durante uma mudança de processo, com os habituais conflitos de relacionamento, ressentimentos e medos. O pobre treinador não tem recursos para amainar as ansiedades, não tem liderança para enfrentar partes em conflito, e talvez não faça a menor ideia do que seja a transição decorrente da mudança ocorrida em TI.

É bom que o indivíduo encarregado da GM seja alguém que conte com o respeito de todos e tenha autoconhecimento suficiente para ler esse cenário sem julgamentos. Sua atuação não será simples. Ele fará um trabalho de capacitação dos gerentes, pressionados na interface entre as camadas inferior e superior, e em geral pouco preparados para lidar com as questões humanas. Atuará junto à alta administração, que costuma ser totalmente focada nos resultados, na pressão do mercado etc., sem conseguir deitar um olhar mais compreensivo para as aflições dos colaboradores. O GM é, ainda, elemento essencial para o patrocinador do projeto, com quem compartilha o forte desejo de acertar na mão para que a mudança angarie adesão plena dos indivíduos. Idealmente, precisa ter um cargo alto, a fim de trafegar com desenvoltura entre todos os níveis hierárquicos. Seu trabalho exige senioridade. Ele precisa ter exercitado comunicação empresarial, ter passado por situações de pressão, formação de equipes e, principalmente, nunca é demais repetir, apresentar autodomínio para saber como lidar com os obstáculos que for encontrar.

Para o cargo de GM, a empresa pode contratar uma consultoria, ou designar um de seus gerentes para ser capacitado pela consultoria e, então, colocar a mão na massa. Ele será trabalhado na habilidade de trocar de lentes e ser realmente empático nas relações, ele conseguirá realizar ações que tragam a sabedoria não só sobre o que fazer, mas também sobre como fazer.

Ao designar alguém interno, a cúpula já sabe que precisará ouvi-lo de coração aberto, não importando se o que ele disser será confortável ou polêmico. Esse indivíduo, idealmente, é um formador de opinião. É bom em argumentar e ter voz de comando, a fim de realmente influenciar no andamento das coisas. Ele pode, eventualmente, dizer: "Da maneira como estamos fazendo, está insustentável. Precisamos mudar de rumo urgentemente".

Em uma situação de grande mudança estrutural, como corte de custos para a empresa sobreviver, não há muita margem para modificar o rumo. Se houver demissões, troca de gerentes, concentração de áreas, toda a empresa sentirá os reflexos. A função do GM é tornar a situação menos traumática, antecipando-se e evitando grandes danos ao clima organizacional. Ele consegue comunicar as razões do processo e demonstrar com clareza por que as ações críticas são necessárias naquele momento. Tem respaldo de todos os níveis hierárquicos para explicar em que ponto a organização está em relação ao ambiente econômico e por que aconteceu a crise. Como um tecelão, vai dispondo os fios para que as pessoas reconheçam a si próprias e aos outros no caminho que estão seguindo. Faz um trabalho de formiga, ou melhor, de aranha, construindo uma teia: costura com o presidente, costura com o gerente, costura com o funcionário. Essa costura é um grande ganho, porque previne boicotes. As pessoas saem de uma eventual paralisia e passam a cooperar. Os envolvidos passam a agir como engrenagens das mudanças e se comprometem com os rumos da empresa.

O GM liga as pontas entre os objetivos estratégicos (que poderiam se refletir nos níveis hierárquicos inferiores de forma completamente desestruturada) e o comportamento individual. Ele conversa com as pessoas para esclarecer e também para recolher recomendações. Muitas vezes a administração do topo não consegue ver todas as consequências de determinada decisão, enquanto o funcionário encarregado da operação, atuando na última ponta da cadeia, tem uma visão clara sobre como racionalizar uma tarefa, por exemplo.

O GM aprende a se comunicar na linguagem de cada nível e de cada área. Tem de estudar os perfis e trabalhar para que os medos subjacentes tenham lugar nas conversações. Nesse sentido, às vezes, é mais produtivo que a empresa contrate um consultor externo a fim de garantir a isenção que eventualmente um profissional interno não consiga manter.

Talvez o gestor mais empenhado na mudança não tenha o perfil adequado para liderar o processo. Pode vir com um olhar muito técnico, pouco sensível à psicologia das pessoas. Em contrapartida, é possível que outro gestor seja talhado para esse tipo de tarefa. Está no papel do GM aproximar essa segunda pessoa, prevendo e realizando as negociações necessárias para que tal alocação crie o mínimo possível de tensões.

Por todos esses motivos, o GM precisa exercitar o autoconhecimento para poder apoiar o seu entorno. Segundo Exupery, "O essencial é invisível aos olhos".

1.6 Duas linhas mestras

Como modos eficientes de se lidar com a complexidade trazida pela organização e suas pessoas em momentos de transformação, duas linhas de pensamento são de grande utilidade: andragogia e visão sistêmica.

Andragogia

Como sabemos, a ciência e arte de orientar o aprendizado de crianças e adolescentes tem o nome de pedagogia. Analogamente, a ciência e arte de orientar o aprendizado de adultos é chamada de *andragogia*[9].

Homens e mulheres adultos necessitam aprender por meio de práticas diferentes das utilizadas para os mais novos, pois na idade adulta a maturação do sistema nervoso já se consolidou e é grande a bagagem de experiências. Os adultos gostam de aprender por meio de vivências, assim como as crianças, porém sabendo muito bem o objetivo de cada atividade. Na grande maioria, têm fortes motivações pessoais e profissionais no aprendizado.

---
9. Termo criado pelo educador alemão Alexander Kapp no século XIX.

A andragogia leva em consideração todas essas características e busca o equilíbrio necessário entre a instrução e a descoberta. É perda de tempo superlotar de informações os aprendizes adultos. Apresentar apenas o lado técnico é também pouco produtivo. O caminho da descoberta, no qual instrutor e aprendiz podem construir juntos o conhecimento, tem sido bastante eficaz.

Quando aplicada nas empresas, consegue-se comprometimento forte, pois aumenta a sensação de pertencimento dos funcionários. O resultado é mais profundo e duradouro do que o obtido com técnicas de *teambuilding* – que são eficientes, claro, mas são pontuais. Utilizando andragogia, permite-se que as pessoas se sintam proprietárias do processo.

No caso específico do que trata este livro, o ideal é envolver ao máximo os funcionários nas tomadas de decisão ou, pelo menos, na clarificação das necessidades e metas da mudança da qual participam. Mudanças impostas de cima para baixo contaminam a transição interna e, consequentemente, o projeto todo.

Chamamos de *instrução* o método em que se apresenta uma fiada de informações e aguarda-se que o aprendiz assimile e memorize tudo aquilo. O *caminho da descoberta* faz o contrário: a partir de perguntas ou de dinâmicas de grupo, o coordenador consegue saber qual é a visão e quais as expectativas dos participantes. Esses dados são aprofundados e melhor compreendidos com discussões em plenário. Ao final da rodada, o grupo terá tido contato com diferentes ideias, e os conceitos estarão compartilhados e muito bem digeridos. Evidentemente, surgem elementos inesperados nas discussões, mas sempre originados no grupo. Dessa forma, nasce um comprometimento natural e genuíno.

Percebo que muitos executivos têm receio de tanta democracia assim. Temem perder o controle sobre os rumos da empresa. Porém, o que vejo acontecer na prática é que os funcionários, quando treinados por técnicas andragógicas, ajudam na construção da trajetória da empresa, e têm plena consciência disso. Assim, aderem ainda fortemente aos objetivos organizacionais.

Visão sistêmica

Como comentei anteriormente, a visão sistêmica apoia o GM na compreensão da trajetória da mudança e da transição de forma mais organizada. Não irei muito longe aqui, não vou comentar sobre a teoria dos sistemas, que é uma área de estudos da ciência. Vou me restringir apenas à visão da empresa como um sistema complexo, cheio de inter-conexões. Começo com a pergunta que abre a análise inicial de uma transformação a ser gerida em uma organização: *A mudança que vai ocorrer é uma iniciativa, um projeto ou um programa?* Começa-se pelo entendimento da abrangência da mudança. Alguns administradores, como no exemplo que dei anteriormente, ao trocar um software importante por outro, imaginam que estejam mudando apenas a área de TI e não se preocupam com os ecos dessa mudança em outras instâncias da empresa. Cabe ao GM estimar o tempo e ajudar na gradação das mudanças decorrentes dessa nova ferramenta. Por isso é importante identificar se se está diante de uma iniciativa, um projeto ou um programa.

Eventualmente, o GM começa com uma pesquisa de clima, para ver de que patamar psicológico a empresa está partindo. Como ele age dentro do sistema organizacional, que é formado por inúmeros subsistemas entrelaçados, não pode eleger apenas um aspecto pelo qual se guiar. Não funciona escolher cuidar apenas das novidades técnicas, ou apenas da comunicação interna, ou apenas do treinamento. Será necessário ver os diferentes aspectos isoladamente e uns em relação aos outros. Então, ele procura entender o contexto, saber muito bem onde se está e aonde se quer ir, identificar características importantes do processo em que se vai mergulhar. Se as pessoas são partes de um sistema, é com todas elas que será construída a linha do comprometimento.

Há uma progressão na condução de uma mudança: diagnóstico, arregimentação dos influenciadores etc. Essa sequência será vista em detalhes mais adiante, no Capítulo 3. Não se pode começar com o treinamento se as pessoas ainda nem entenderam do que vai acontecer. Se a fase for de planejamento e costura inicial, por exemplo, como pular para comunicação aos *stakeholders* externos? Por outro lado, também não se pode deixar para depois a administração dos curto-circuitos capazes de impedir a realização da mudança. É um equilíbrio delicado.

Surge comumente uma situação mais complicada, quando alguma iniciativa, projeto ou programa começa e seus gestores, só em fase avançada, veem a necessidade de um trabalho de gestão da mudança. Alguém, então, pergunta: *Podemos voltar para a fase de planejamento e avaliar a opinião das pessoas em relação ao que está ocorrendo, ou já é tarde demais?* Sim, não só podem como é muito saudável que isso ocorra. A abordagem sistêmica favorece que o gestor ou gestora da mudança volte quantas vezes forem necessárias para tratar questões não encaminhadas no decorrer dos acontecimentos.

1.7 A venda para a cúpula

Mas todo esse preparo de pouco adianta ao gestor ou gestora de mudança se não houver real aceitação de seu trabalho por parte da alta administração. Pelo que tenho assistido nas empresas clientes, quando os componentes da cúpula se veem trabalhando em conjunto com o GM, buscando a união dos esforços, gerir a transição não fica sendo uma tarefa delegada. É algo construído a várias cabeças, corações e mãos – e as coisas andam. As vozes mais fortes da organização falam em uníssono, e isso não é pouco. Lembre-se das dissonâncias causadas pelo RH Paulo naquele caso que contei na abertura deste capítulo.

Entre as habilidades de um GM está a capacidade de vender internamente a ideia de cuidar da transição das pessoas. Alguém maduro, com paciência e sensibilidade para não se desestabilizar diante dos reveses, pode costurar com muito esmero uma determinada solução. Nada impede, entretanto, que essa solução seja enfaticamente rejeitada pelo presidente da empresa. Resiliência e persistência estão implícitas no papel eminentemente político do GM. Para conseguir adeptos sinceros à gestão da transição, é necessário conhecer a cultura e o clima da organização, entender como funciona a alta direção, compreender o nível gerencial e atuar em grande sintonia com o patrocinador interno. Tenacidade e humildade para defender suas posições tantas vezes quantas forem necessárias são os antídotos às frustrações.

Conscientizar os administradores sobre seu real papel e responsabilidade é algo a ser feito logo no início do processo. Para convencê-los de que não basta cuidar de comunicação e formar equipes, é de grande ajuda "falar sua língua": elaborar gráficos, mostrar metas e resultados, sempre com o tempero que toque o coração de cada representante. Não podem ser negligenciadas as pessoas que atuam nas assessorias e no secretariado do board. Elas conhecem como ninguém os seus líderes e também têm necessidade de reconhecimento.

No geral, quanto mais alto um cargo, mais necessidades o indivíduo tem. Alguns precisam de reconhecimento, outros, de atenção, informações, ou participação. Todos querem se sentir pertencentes e reconhecidos. Na grande maioria das vezes, essas pessoas precisam de ajuda para saírem do sistema rotineiro que as algema. Só então podem começar a pensar fora do seu contexto mais imediato. Esses tomadores de decisão vivem sob pressão diária e querem ajuda, mas desaprenderam como pedir.

Logo no início da minha carreira em gestão da mudança, deparei-me com um alto executivo que estava sempre emperrando e centralizando as iniciativas criativas que surgiam. Um dia o convidei para um almoço informal e começamos uma conversa mais pessoal. Ele me contou sobre sua trajetória de vida e de como ele estava se sentindo cansado de ter de provar a todos que não podia errar. Nesse momento eu perguntei: e quem disse que você não pode errar? Ele refletiu e lembrou que seu pai era muito exigente e sempre o repreendia por qualquer coisa fora da linha. E nessa reflexão ele percebeu que fazia o mesmo com seus filhos e os profissionais de sua empresa. Deu-se conta de que os filhos, já adultos e casados, pouco o visitavam. O que ele percebeu nesse momento foi o quanto ele não se permitiu construir relações saudáveis, nem mesmo com sua família. Sempre foi refém do perfeccionismo e das questões materiais. Uma lição e tanto para mim, que estava começando minha jornada de aprendizados. Percebi que as pessoas com mais responsabilidade e com cargos altos podem se sentir sozinhas, e um simples encontro mais informal pode ser o começo de uma transição saudável. Passadas algumas semanas, recebo vários feedbacks de pares comentando que esse senhor havia mudado muito, e as pessoas estavam se sentindo muito felizes ao seu lado.

Fechando este capítulo, trago o depoimento de uma pessoa que coordena processos externos de mudança, enquanto administra também as transições internas das pessoas.

1.8 Depoimento – Mudança de comportamento na medicina do trabalho

A médica Dra. Maria Elizabeth Malagoli[10], que fez o Programa de Formação em Gestão da Mudança (do qual falarei no próximo capítulo) é gerente de medicina ocupacional na Comgás, em São Paulo. Estou trazendo aqui o seu depoimento, pois ela abriu a minha mente e de outros colegas facilitadores sobre como o tema gestão da mudança – e o cuidar da transição dos indivíduos – extrapolam os palcos organizacionais e atingem outros segmentos. Na medicina também há momentos para se compreender como orquestrar a mudança e a transição, em processos que têm a ver com a saúde individual e coletiva. Na sequência, o seu relato sobre sua experiência como GM:

Ao ser convidada para participar do programa de formação em Gestão da Mudança fiquei muito feliz, mas ao

---

10. Graduada em medicina pela Freie Universität Berlin – Alemanha. Tem especialização em medicina do trabalho pela Faculdade de Ciências Médicas da Santa Casa de Misericórdia de São Paulo.

mesmo tempo fiquei um tanto ansiosa, pois não entendia muito bem o que "Gestão da Mudança" teria a ver com a minha área de atuação, ou seja, com a Medicina.

Confesso que nos primeiros módulos do treinamento até me senti, por vezes, como um peixe fora d'água. A terminologia fugia totalmente daquilo que me era usual, mas conforme os módulos iam acontecendo e, as "artevidades" e "vivências matinais" iam internalizando o conteúdo das aulas expositivas, a relação com a minha área se tornava cada vez mais clara e intensa.

Também as ferramentas e conceitos aplicados me remetiam a instrumentos e técnicas utilizados em áreas da medicina ocupacional, o que no decorrer dos módulos me trazia cada vez mais para a percepção de que "gestão da mudança" estava mais próximo da medicina do que eu poderia ter imaginado.

Empresas e organizações nada mais são do que os seres humanos, ou seja, as pessoas que nelas atuam. Quando se mexe nas organizações as pessoas sofrem as consequências, e vice-versa, resumindo o conceito da abordagem aplicado durante o programa.

Ora, em tempos atuais, na maioria das empresas, mudanças importantes acontecem frequentemente, sendo estas efetuadas sem a devida gestão, repercutindo e impactando negativamente no bem-estar e na saúde das pessoas envolvidas e, por conseguinte, na sustentabilidade da própria organização.

Mudar sabidamente não é fácil! E disso tenho inúmeros exemplos na minha profissão. Entender que, assim como no âmbito individual, para que as mudanças nas organizações obtenham o resultado almejado, é necessário que haja também nestas o equilíbrio e a integração do pensar, do sentir e do querer, foi bastante enriquecedor.

Por fim, ao concluir o programa, tinha a certeza de que "gestão da mudança" e medicina têm tudo a ver! A gestão da mudança, assim como a medicina, possibilita prevenir prejuízos à saúde das pessoas e das organizações.

Participar deste programa foi bastante proveitoso para o meu trabalho atual, ou seja, para o desenvolvimento de programas de qualidade de vida na empresa, nos quais se busca mudança de comportamento das pessoas. Extrapolar conceitos, adaptar ferramentas, enfim aplicar o aprendizado na minha área de atuação certamente contribuirá para o alcance de melhores resultados.

CAPÍTULO 2

A PREPARAÇÃO DO GESTOR DA MUDANÇA

Depoimento – Gestão de mudança aplicada a um caso B2B (*business to business*)

Marcelo Justino Borges é analista de sistemas e gerente de projetos, formado no Programa de Formação em Gestão da Mudança. Participou de projetos diversos voltados para o mercado de energia elétrica, inclusive na CCEE, Câmara de Comercialização de Energia Elétrica. Marcelo nos oferece o relato a seguir.

O problema: Uma organização *business to business* – empresa que oferece produtos e serviços para outras empresas –, em atividade de mercado restrito, decidiu desenvolver um novo sistema de contabilização e liquidação para seus clientes, a fim de tornar os negócios mais flexíveis e dinâmicos para todo o seu mercado. O projeto inicial, que chamaremos aqui de Projeto A, era realmente bem pensado e atenderia a novas necessidades de tecnologia, além de auxiliar em muito o desenvolvimento desse mercado.

Foi só no momento de implantar o Projeto A que a gestão percebeu sua complexidade e tamanho. Compreendeu que era mais do que a implementação de um sistema de contabilização. Por conta disso, o projeto sofreu, ao longo do tempo, alterações na sua gestão, troca da metodologia de trabalho, definição de novas estratégias de atuação, renovação da equipe, contratação de terceiros e, para complicar, constantes saídas e entradas de profissionais.

A cada momento, o projeto foi mostrando os seus reais desafios e, alguns anos após as primeiras tentativas, ainda não estava totalmente clara a imagem das necessidades e dos caminhos a percorrer.

O diagnóstico: Fui contratado no cenário exposto acima. Comecei com uma equipe de apoio, o trabalho de gestão de mudança, mediante a situação analisada, com o objetivo de apoiar a empresa no resgate da credibilidade do Projeto A e na confiança das pessoas, atuando de forma corajosa, baseada em verdade, transparência e participação.

O plano:
Nossa consultoria de gestão de mudança apresentou estas medidas de apoio, focadas em planejamento e acompanhamento:

• Realização do diagnóstico da situação que se apresentava;

• Alinhamento dos desafios do projeto com a visão estratégica dos negócios;

• Criação de uma governança do projeto contendo claros papéis e responsabilidades;

- Alinhamento dos papéis e responsabilidades junto à equipe do projeto e à equipe de gestão de mudança;
- Estruturação das ações da equipe de gestão de mudança, de forma detalhada;
- Planejamento e gerenciamento das expectativas e comprometimento dos influenciadores;
- Planejamento e gerenciamento das atividades de comunicação interna e externa ao projeto;
- Alinhamento e desenvolvimento da equipe de projeto;
- Realização de pesquisas de clima junto à equipe do projeto, trazendo subsídios para a gerência e clareza quanto aos pontos a serem desenvolvidos e melhorados;
- Realização de *teamcoaching* com todos da equipe do projeto, para tratar planos de ação pertinentes à pesquisa de clima;
- Auxílio junto ao *sponsor* (patrocinador interno) no planejamento de medidas para melhorar a gestão do projeto;
- Mapeamento das principais mudanças e impactos organizacionais;
- Elaboração da estratégia de transferência do conhecimento para as áreas – treinamento.

A execução: Para atender às necessidades do projeto, fizemos um plano de ação detalhado, baseando-nos no princípio de que o sucesso da implementação de uma nova tecnologia depende da construção de uma abordagem estratégica de gestão de mudança que minimize as resistências. Entendemos também que seria necessário:

esclarecer as dúvidas para promover o entendimento comum; *mitigar a descrença* para desenvolver a confiança dos grupos; e *eliminar o medo* para alcançar o comprometimento dos indivíduos.

Sendo assim, o escopo de atuação da gestão de mudança no projeto foi definido e aprovado, permitindo-nos seguir com as atividades de apoio ao planejamento e acompanhamento, diagnóstico cultural, gestão da equipe, gestão dos influenciadores, comunicação e envolvimento, mudanças e impactos organizacionais, treinamento e capacitação de multiplicadores.

Fiquei totalmente dedicado à gestão de mudança do Projeto A durante três anos, atuando nas três esferas: estratégica, tática e operacional.

Uma nova governança deu cadência às atividades do combalido Projeto A, recuperando a confiança nas informações e no cronograma. Havia reuniões periódicas com o patrocinador, o comitê gestor, líderes de frente, RH e equipe específica do projeto.

Envolvemos os clientes em todas as etapas para que se sentissem pertencentes ao processo. Fizemos uma pesquisa de percepção das mudanças, envolvendo os clientes. Aliás, pesquisas de percepção das mudanças e do clima são ótimas ferramentas para termos subsídios no tratamento dos pontos em atenção. Ao longo dos três últimos anos em que estive no projeto, realizamos quatro pesquisas de clima. A primeira pesquisa teve uma favorabilidade de

57,4%, o que pela metodologia utilizada é considerado um índice muito crítico. Um ano mais tarde, o índice medido foi de 71%, um grande salto em relação à primeira pesquisa, favorecido pelo sucesso das ações de mitigação dos pontos de atenção encontrados na primeira pesquisa. As duas pesquisas seguintes tiveram crescimentos menores, 73,3% e 73,7%, apontando a estabilidade de um bom clima em relação ao projeto.

Os resultados: O Projeto A foi considerado de grande relevância por parte da organização e pelo seu mercado. Isso se explica pelo propósito do projeto, pois trouxe mudanças significativas positivas com a simplificação de regras de comercialização, plataforma tecnológica atualizada e independente, agilidade no desenvolvimento de aplicações, redução no tempo de certificação de sistemas e do processamento.

Diante disso, vê-se que a responsabilidade da equipe gestora e da gestão de mudança foi muito grande. Para sairmos de um clima de 57% para 71% de favorabilidade, fizemos várias atividades junto à gestão e equipe do projeto, tais como: *team coaching,* sessões de orientação à liderança, plano de retenção da equipe, gestão dos influenciadores internos e externos e um detalhado plano de comunicação e envolvimento que utilizou alguns métodos clássicos de comunicação: comunicação corpo a corpo por meio de uma atividade que aproximava as áreas operacionais do projeto;

apresentações periódicas de status realizadas pela própria equipe do projeto; comunicação impressa, utilizando o meio de comunicação da organização; comunicação eletrônica, em que elaboramos emails com notícias rápidas do projeto e enviamos para toda a equipe; FAQ; team site (canal de comunicação eletrônico entre o projeto e os clientes internos e externos), entre outros.

O levantamento das mudanças e impactos organizacionais foi outra iniciativa da gestão de mudança que contribuiu para o entendimento dos processos e para dar visibilidade às mudanças propostas e seus impactos no futuro da organização e dos clientes. Foram várias entrevistas com a equipe do projeto, equipe de processos e com as áreas operacionais para identificar as principais mudanças relacionadas a identidade, cultura, processos e recursos da organização. Os impactos mais relevantes identificados eram posteriormente tratados diretamente com o presidente da organização e o diretor do projeto, que nos davam diretrizes claras de atuação. Ao final do processo, a lista com as principais mudanças e impactos levantados e ações de mitigação foram amplamente divulgados para a organização e seus clientes.

Fazer com que todo o conhecimento gerado pelas mudanças seja absorvido pelo restante da organização e pelos clientes é uma tarefa difícil. É também de responsabilidade da gestão de mudança apoiar a transferência de conhecimento e treinamento dos usuários. Dessa forma, apoiamos fortemente a estruturação de todo o plano de treinamento, não só na fase de planejamento, mas também na execução e na hora de medir a satisfação dos treinandos. As metas estabelecidas no planejamento foram cumpridas e o índice de satisfação foi excelente. Essa fase bem sucedida permitiu que a primeira fase do Projeto A entrasse com sucesso em plena operação, após dois anos e meio de trabalho da gestão de mudança.

O resultado pessoal: Qualquer ruptura com uma situação pode causar desconforto, tensão, desestabilização e resistência. Resistimos às mudanças porque já estamos habituados a determinado cenário e não temos informações suficientes sobre a nova realidade, ou porque simplesmente não estamos seguros. Até a situação futura chegar, teremos dúvidas, incertezas e muitas interrogações.

Estamos a todo tempo lidando com mudanças, porque é algo inerente à própria vida. O mais interessante disso tudo é que podemos escolher a maneira de enfrentarmos as transformações, as mudanças. Eu busco acreditar sempre no desenvolvimento do ser humano e em sua capacidade de se transformar para mudar o mundo.

Desde a formação na universidade, me dediquei ao gerenciamento de projetos voltados para tecnologia. Conheci os conceitos da gestão de mudança baseada na antroposofia pouco antes da minha dedicação ao Projeto A. É claro que, como gerente de projetos, lidei com mudanças das mais diversas naturezas, inclusive aquelas que extrapolam a nossa vida profissional. Mas a experiência obtida com o

Projeto A foi muito rica e acredito ter sido um marco na minha vida. Pude vivenciar cada etapa da gestão de mudança e perceber claramente o ganho ao colocá-la em prática.

2.1 Autores de referência

No capítulo anterior abordei em grandes linhas a importância do autoconhecimento para um gestor de mudança. Neste capítulo, trato dos conhecimentos e das capacidades necessárias a um GM. Primeiramente, abordo conceitos de Richard Barrett e John Kotter, dois autores que considero centrais na formação de qualquer gestor, especialmente se for um gestor de mudanças. Se o leitor já conhecer essas obras, pode pular esta parte ou aproveitar para fazer uma breve revisão. Escolhi os dois porque Barrett esquematiza as faixas de existência da empresa a partir das necessidades do ser humano estudadas por Abraham Maslow[11], trazendo uma visão espiritual, e Kotter, porque foi o primeiro a destacar a importância do fator humano nas mudanças. Não sigo o passo a passo de Kotter inteiramente, como o leitor deve perceber. Porém sua ideia é tão concisa e forte que não poderia ser esquecida[12] aqui.

---

11. Maslow (1908-1970) foi um psicólogo norte-americano cujas ideias influenciaram várias áreas do comportamento humano, inclusive administração de empresas.

12. Afora os livros citados aqui e nos demais capítulos, outros também me inspiram bastante: *A necessidade do despertar da consciência*, de Robert Happe; *Como resolver problemas complexos*, Adam Kahane; *Presença*, de Peter Senge, Otto Scharmer, Joseph Jaworski e Betty Sue Flowers; *Artistas do invisível*, de Allan Kaplan; obras de Edgar Schein e Rubem Alves.

Na sessão seguinte, trato das habilidades que um GM tem ou precisa desenvolver. Entra, então, um terceiro autor, Eckhart Tolle, também com um olhar mais espiritual. Fecho o capítulo com uma rápida apresentação do Programa de Formação em Gestão da Mudança, o PFGM.

Barrett, indispensável

Um livro que considero essencial para o nosso assunto é *Criando uma organização dirigida por valores*, de Richard Barrett[13]. Esse consultor e palestrante norte-americano acredita que a transformação das organizações só pode ocorrer se suas pessoas se transformarem. Concordo plenamente, não vejo como poderia ser de outro jeito.

A organização é um organismo vivo, que tem sua história própria e seus aprendizados, exatamente como seus funcionários. As forças impulsionadoras e as necessidades que a dirigem são as mesmas que estimulam os indivíduos a evoluírem, essa é a ideia básica de Barrett. A sustentabilidade só ocorre quando a empresa busca satisfazer suas necessidades físicas (estabilidade financeira), emocionais (contar com relações harmoniosas entre as pessoas e otimização de sistemas e processos), mentais (incentivo à participação e à renovação) e espirituais (ações com o propósito de servir ao bem comum). Qualquer semelhança com a quadrimembração é mera coincidência?

13. BARRETT, Richard. *Criando uma organização dirigida por valores – Uma abordagem sistêmica para a transformação cultural*. Antakarana e ProLíbera Editora, São Paulo, 2009.

Barrett elaborou um modelo teórico aplicando a hierarquia das necessidades de Abraham Maslow a pessoas e organizações. O modelo estabelece sete níveis de consciência, cada um com atributos e desafios próprios. Barrett também desenvolveu ferramentas para medir os valores de uma empresa, analisar seu estado presente e ainda fazer previsões e recomendações.

É um autor para ser lido com muita atenção e cuidado pelos líderes que queiram desenvolver um olhar mais amplo dos ambientes em que atuam. Nesse livro o autor expande as ideias que lançou em *Libertando a alma da empresa,* de 1998 – um marco para a visão espiritualizada das organizações. Aborda a transformação cultural de maneira integral e sistêmica, detalhando o gerenciamento dos valores.

Por mudança integral de um sistema, Barrett entende mudança simultânea em quatro âmbitos, representados nos quadrantes de uma matriz, como a que apresento na Figura 7. Essa matriz mostra como a consciência individual está ligada à consciência coletiva. Transformar a cultura organizacional é alinhar as esferas ali representadas. Assim, uma mudança integral envolve mudar o indivíduo (internamente e externamente) e seu grupo (internamente e externamente). Pelo que tenho observado no meu trabalho, é assim que conseguimos obter transformações que realmente durem e criem frutos. Essa matriz é uma adaptação, feita por Barrett, do modelo dos quadrantes de

Ken Wilber[14]. A figura mostra a matriz de Barrett-Wilber e aponta os alinhamentos entre quadrantes.

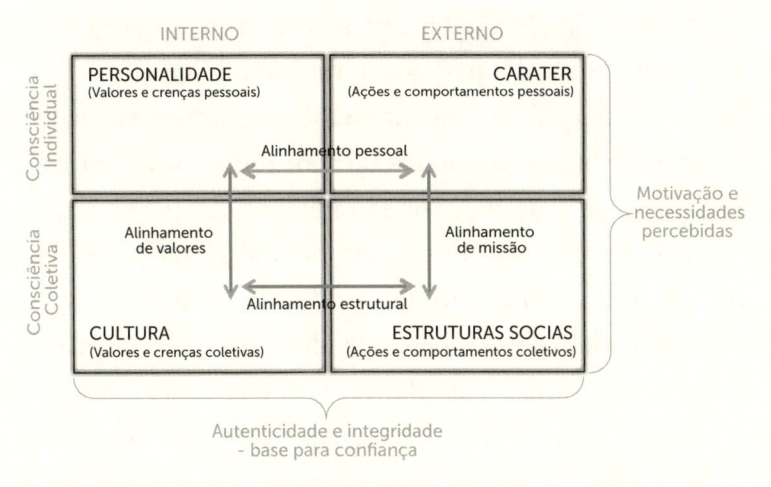

	INTERNO	EXTERNO	
Consciência Individual	PERSONALIDADE (Valores e crenças pessoais)	CARATER (Ações e comportamentos pessoais)	Motivação e necessidades percebidas
	↑ Alinhamento pessoal ↑		
Consciência Coletiva	Alinhamento de valores	Alinhamento de missão	
	↓ Alinhamento estrutural ↓		
	CULTURA (Valores e crenças coletivas)	ESTRUTURAS SOCIAS (Ações e comportamentos coletivos)	

Autenticidade e integridade - base para confiança

Fonte: Ken Wilber

Figura 7 - O modelo de Ken Wilber adaptado à empresa

No quadrante individual-interno, está colocada a *personalidade*, que é ligada a valores e crenças pessoais; o quadrante individual-externo é atribuído ao *caráter*, definido pelas ações e comportamentos do indivíduo; em coletivo-interno, temos a *cultura*, composta pelos valores e crenças do grupo; e em coletivo-externo estão as *estruturas sociais*, dadas pelas ações e pelos comportamentos coletivos. Nas palavras de Barrett: "Quando uma massa crítica de indivíduos muda seus valores e crenças na mesma direção, suas ações e comportamentos coletivos também mudam. Para

---

14. Ken Wilber é um destacado filósofo deste início de século. Para saber mais sobre sua teoria dos quadrantes, consultar *Uma teoria de tudo*, Editora Cultrix, São Paulo, 2003.

que isso aconteça, precisa haver uma mudança simultânea em todos os quatro quadrantes".

No capítulo anterior, ao apresentar os arquétipos da antroposofia, entendo que eu estava tratando de coisa parecida. Os conceitos de quadrimembração organizacional e quadrimembração do indivíduo têm tudo a ver com essa matriz. Sugiro que você volte um pouquinho para a Figura 6 e confira com essa que acabo de apresentar. Você verá que as palavras mudam mas, no fundo, as duas imagens tratam do alinhamento dos indivíduos com a coletividade. Eu diria que a matriz de Barrett tem foco mais específico nos níveis *eu e corpo astral,* do ser humano, e nos níveis *identidade e relações,* da organização.

O vínculo entre a transformação individual e a coletiva é de especial interesse na gestão de mudança. Barrett aponta três requisitos básicos para uma transformação integral: o processo de mudança precisa ter líderes preparados; as decisões devem ser tomadas tendo-se em vista a missão, os valores, a visão e os comportamentos que os sustentam; e é necessário monitorar continuamente a cultura, por meio de mensurações.

Na leitura do contexto organizacional a partir deste modelo, o GM talvez descubra a necessidade de ajustes estruturais, o que significa revisitar papéis, responsabilidades e mesmo a identidade de alguma área, assim a mudança acompanha as necessidades individuais e coletivas de alinhamento. O GM está o tempo todo costurando entre os quadrantes de Barrett-Wilber. Nessa costura, vai criando um ambiente de confiança, em que a integridade, a autenticidade e as necessidades e expectativas são levadas em conta.

O GM que é bem preparado para ler esse contexto mapeia quem são os líderes que poderão apoiar a mudança e, na sequência, começa o trabalho de alinhamento desses líderes para melhor observarem o que de fato está acontecendo. Na minha prática, cuido de alguns alinhamentos individuais em sessões de coaching, que é muito mais eficaz em certos casos. Quanto aos grupos, busco sempre destacar os valores para começo de conversa. Uma técnica muito utilizada na minha área são reuniões para discutir e construir coletivamente a identidade, as atividades e as responsabilidades individuais. Cada pessoa toma decisão a partir de suas crenças e depois, em uma mesa de decisão, os valores são equalizados. Daí, sim, as deliberações começam a sair engajadas e consentidas. Diferentemente de estimular o convencimento (em que uma parte ganhará e outra parte perderá), aqui é estimulado o consentimento ("Eu abro mão da minha opinião em prol da sua, para que prevaleça o que for melhor para todos"). Esse é um dos maiores desafios do GM.

Referenciando-se em Maslow, Richard Barrett identifica sete níveis no desenvolvimento de consciência das pessoas. Cada nível é motivado por uma necessidade inerente à condição humana. Conforme temos atendida uma necessidade, ascendemos para o nível seguinte. Aqueles que conseguem dominar as sete necessidades sem causar dano aos outros atingem todos os sete níveis de consciência. Esses níveis não são condições estáticas. O funcionário de um setor que acabou de sofrer uma mudança de líder, por exemplo, se vê no nível da sobrevivência e se sente inseguro. Assim que houver um novo líder e haja bom relacionamento entre eles, o funcionário terá atendido seu nível de autoestima. O contrário também pode ocorrer: algum indivíduo ou grupo pode decair do nível de autoestima para o da sobrevivência devido a alguma experiência traumática. Eu acredito que todos os seres humanos desejem sair do interesse próprio e ir para o nível do bem comum, a partir da elevação da consciência.

A Figura 8 mostra os níveis e as respectivas necessidades, desde o nível mais baixo até o mais alto:

	NÍVEL	MOTIVAÇÃO	FOCO INDIVIDUAL	FOCO GRUPO
Espiritual / Bem-comum	7	SERVIÇO	Construir uma vida baseada no serviço do desapego	Cuidado com a humanidade, com futuras gerações e com o planeta
	6	FAZER A DIFERENÇA	Fazer uma diferença positiva no mundo	Cooperar e formar alianças com outros grupos
	5	COESÃO INTERNA	Encontrar significado pessoal na existência	Alinhar em torno da visão, missão e valores compartilhados
Físico/ emocionais / Interesse-próprio	4	TRANSFORMAÇÃO/ AUTORREALIZAÇÃO	Encontrar a liberdade, libertando-se dos medos de sobrevivência, de ser não amado e de ser não respeitado pelos outros. Ser a sua própria natureza (independente)	Envolver e dar voz ativa na tomada de decisão e equilibrar o ego e a autoridade
	3	AUTOESTIMA	Ter um senso de valor próprio. Reconhecimento das próprias capacidades e das capacidades dos outros	Fomentar ordem, estruturas, processos, desempenho e eficácia que gere orgulho em pertencer
	2	RELACIONAMENTO/ SEGURANÇA	Sentir-se seguro, respeitado e amado	Construir relações harmônicas, senso de pertencimento e proteção mútua
	1	SOBREVIVÊNCIA	Satisfazer as necessidades físicas ou autopreservação	Estabilidade e segurança financeira

Fonte: Richard Barret

Figura 8 - Os níveis de consciência.

Os níveis de consciência: (1) sobrevivência (necessidades físicas ou autopreservação), (2) relacionamento/segurança (necessidade de obter segurança, respeito e amor), (3) autoestima (valor próprio), (4) transformação (liberação das necessidades dos níveis 1, 2 e 3, principalmente do medo e do ego), (5) coesão interna (encontro de significado na vida), (6) fazer a diferença (atuar positivamente no mundo), (7) serviço (necessidade de viver para servir).

As necessidades de 1 a 3 são as de interesse próprio, nos planos físico e emocional, as de números 5 a 7 são necessidades ditas espirituais e ligadas ao bem comum. Já a necessidade 4 manifesta o estágio de transformação entre atender aos interesses próprios e dedicar-se ao interesse coletivo. Nesse ponto de transição, nos libertamos das necessidades egóicas e do medo e passamos a nos voltar mais para as necessidades da sociedade.

Barrett transpõe esse modelo para os grupos. Resumidamente, as correspondências que estabelece são estas:

1) Sobrevivência – estabilidade financeira para os elementos do grupo;

2) Relacionamento – pertencimento, relações internas harmoniosas;

3) Autoestima – bom desempenho e eficácia, respeito, orgulho de pertencer

4) Transformação – voz ativa dos membros do grupo

5) Coesão interna – alinhamento, uma vez que se compartilham visão, missão e valores;

6) Fazer a diferença – cooperação e alianças com outros grupos;
7) Serviço – desvelo com a humanidade e o planeta.

Esse modelo dos sete níveis de consciência é um balizamento para quem faz um diagnóstico ou coordena uma transformação cultural. Reproduzo o modelo na Figura 9. Para mim, Barrett estava especialmente inspirado ao montar essa hierarquia de níveis de consciência, acrescentando a característica própria a cada nível e os fatores que podem causar entraves ao desenvolvimento nos níveis inferiores. Há mudança integral do sistema quando mudam, paralelamente, os alinhamentos pessoal, estrutural, de valores e de missão. Para que o grupo suba a um novo patamar de consciência, é preciso que os quatro relacionamentos se modifiquem na mesma direção. Acho isso maravilhoso!

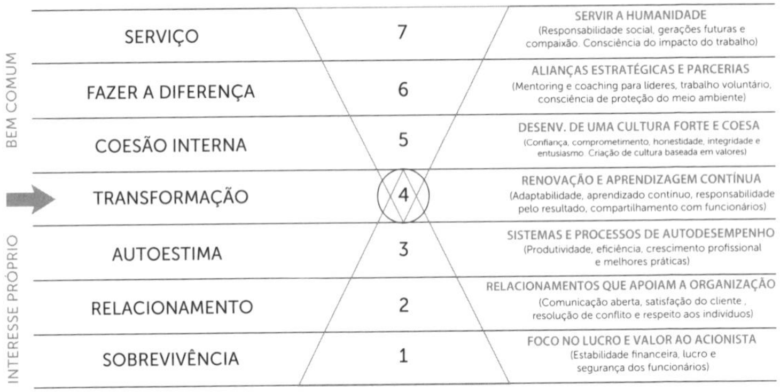

BEM COMUM	SERVIÇO	7	SERVIR A HUMANIDADE (Responsabilidade social, gerações futuras e compaixão. Consciência do impacto do trabalho)
	FAZER A DIFERENÇA	6	ALIANÇAS ESTRATÉGICAS E PARCERIAS (Mentoring e coaching para líderes, trabalho voluntário, consciência de proteção do meio ambiente)
	COESÃO INTERNA	5	DESENV. DE UMA CULTURA FORTE E COESA (Confiança, comprometimento, honestidade, integridade e entusiasmo. Criação de cultura baseada em valores)
→	TRANSFORMAÇÃO	4	RENOVAÇÃO E APRENDIZAGEM CONTÍNUA (Adaptabilidade, aprendizado contínuo, responsabilidade pelo resultado, compartilhamento com funcionários)
INTERESSE PRÓPRIO	AUTOESTIMA	3	SISTEMAS E PROCESSOS DE AUTODESEMPENHO (Produtividade, eficiência, crescimento profissional e melhores práticas)
	RELACIONAMENTO	2	RELACIONAMENTOS QUE APOIAM A ORGANIZAÇÃO (Comunicação aberta, satisfação do cliente, resolução de conflito e respeito aos indivíduos)
	SOBREVIVÊNCIA	1	FOCO NO LUCRO E VALOR AO ACIONISTA (Estabilidade financeira, lucro e segurança dos funcionários)

Fonte: Richard Barrett

Figura 9 – Os sete níveis de consciência organizacional

Não resisto a extrapolar esse modelo para a vida no nosso planeta. Na antroposofia aprendo que a Terra está em plena ascenção, e parece que é isso mesmo. Estamos sendo despertos para nos movermos cada vez mais para o bem comum, mostrando nossa criatividade e aumentando nossa autoconfiança.

Quando passarmos para níveis mais altos, tenho certeza de que a raiz dos conflitos será sempre entendida de forma empática, o ambiente será lido de maneira amorosa e, se houver alguma questão não saudável no contexto, será imediatamente tratada. Estamos crescendo, aprendendo a ver e a ouvir melhor as pessoas, a entender o tempo dos outros. Qualquer pessoa que lidere segundo princípios amorosos, que viva profundamente sua humanidade, buscando construir as regras de forma coletiva, sem imposições, estará ajudando a criar um planeta melhor de se viver.

O crescimento pessoal é para todos! Nas organizações, a maneira como a liderança utiliza o poder que lhe foi "emprestado" será, cada vez mais, traduzida por conhecimento e amor, pelo serviço que oferecer aos demais. Não existe espaço para comando e controle quando estamos despertos e conscientes da oportunidade de crescimento.

Outra afirmação de Barrett inspira profundamente o meu trabalho: "Por exemplo, quando os resultados de uma pesquisa cultural mostram que uma organização ou grupo está atuando a partir dos níveis de consciência 1, 2, e 3, e a cultura desejada mostra que eles querem passar para o nível 4, precisa haver uma transformação paralela nos valores, crenças, ações e comportamentos tanto dos indivíduos quanto da organização para que a mudança ocorra. A passagem para o nível de consciência 4 requer um reajuste dos valores e crenças individuais e coletivos, particularmente os valores e crenças dos líderes, e os valores e crenças do grupo conforme expressados através de suas regras, regulamentos e códigos de conduta, bem como de seus sistemas, processos e procedimentos. Em nações, descrevemos a passagem para o nível de consciência 4 como democracia. Em organizações, descrevemos a passagem para o nível de consciência 4 como compartilhar poder."

Na gestão de mudança, seguindo essa linha, são feitas várias atividades de treinamento focadas para garantir o alinhamento pessoal e a harmonia entre os grupos e dentro dos grupos. O funcionamento do sistema está sendo alterado e surgem novos procedimentos. Como disse um participante do Programa de Formação em Gestão da Mudança, o processo interior de adaptação e transformação incentiva as competências.

Os seres humanos estão sendo despertos um a um para nos movermos cada vez mais para o bem comum. Isso significa que estamos no momento de mostrar a nossa criatividade. Vezes sem conta, não confiamos em nós mesmos e temos medo das pessoas e das situações, vivendo o caos. Autoconfiança é a palavra de ordem agora. Todos nós estamos sendo convidados a expressar quem realmente somos, compartilhando cada vez mais o conhecimento ao nosso redor. Chegou a hora de exercermos de fato o nosso livre-arbítrio e isso requer responsabilidade. Requer resgatar o nosso amor próprio. O poder e o controle normalmente estão ligados a necessidades emocionais não atendidas e a sentimentos de menos valia. Todos temos valor e somos competentes, só que de maneiras diferentes.

Na verdade, GM são todas as pessoas que lideram hoje e batalham para que as regras sejam construídas de forma coletiva, as informações sejam compartilhadas e as pessoas possam sugerir, criar e expandir sua atuação.

Quando o foco da mudança passa a ser mais ligado às dimensões econômica e técnica, a criatividade é inibida. As lideranças despertas tratam de cuidar do processo interior de adaptação à mudança. Muitas pessoas aguardam há anos uma oportunidade para poder ajudar nesse processo de mudança global.

Com o esforço individual podemos reconhecer condições negativas e curar suas fontes. Mas isso não se faz sozinho, é um trabalho coletivo. Só o respeito próprio pode começar esse caminho. Só o entendimento de que todos somos iguais e estamos em busca do pertencimento pode sustentar essa trajetória.

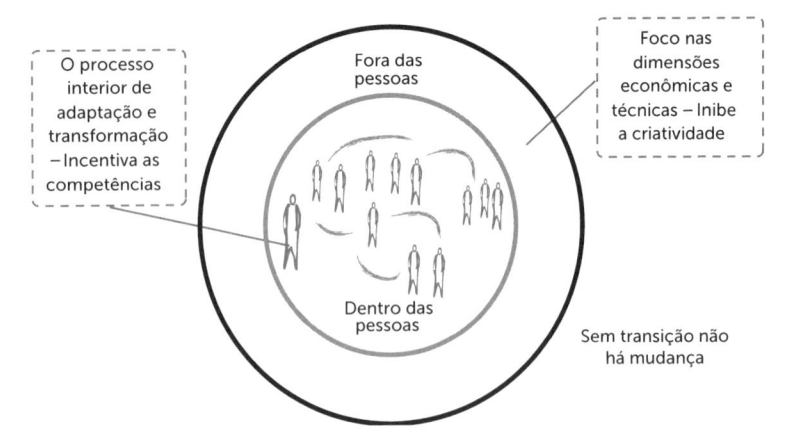

Fonte: Programa de Formação em Gestão da Mudança

Figura 10 – Representação da mudança

Kotter, ainda obrigatório

Há muito tempo, John Kotter[15] trouxe um enfoque abrangente à mudança nas organizações. E continua sendo uma forte referência no ambiente empresarial. Kotter recomenda oito passos que servem como mapa para gerir e aferir como está a empresa nas diferentes etapas de um processo de mudança. Começa explicando por que as empresas falham durante as mudanças. Lista oito dos erros mais comuns entre os que viu serem cometidos: permitir excesso de complacência, não ter coesão administrativa, desconsiderar o poder da visão, comunicar mal a visão, permitir que a nova visão sofra bloqueios, não criar vitórias de curto prazo, declarar vitória antes da hora, não cuidar da

---
15. KOTTER, John P., *Liderando a mudança*. Elsevier, Rio de Janeiro, 1997 – 20º. Reimpressão.

incorporação consistente das mudanças à cultura. Kotter elaborou, então, oito etapas para uma mudança bem-feita. Obviamente, cada etapa é a ação oposta às da lista de erros.

As quatro primeiras são preparatórias e ajudam a organização a sair do *status quo*; as etapas de cinco a sete são a mudança em si, e a última etapa é a consolidação das mudanças. Tudo é simples e claro... no papel. Na prática, essas ações dão muito trabalho, como pudemos verificar no depoimento de Marcelo, no começo do capítulo. Ali verificamos como o não cumprimento de princípios básicos pode arrastar por anos uma mudança que não soube cuidar da transição dos indivíduos. E é muito bonito ver como as ferramentas e conceitos de gestão de mudança, aplicados com esmero, conseguiram reverter a situação.

2.2 Habilidades indispensáveis

Ao entrevistar um candidato enviado por sua empresa para atuar como gestor da mudança, não raro percebo que seu perfil não é adequado à missão de cuidar das pessoas em momentos de especial vulnerabilidade. O candidato demonstra não ter a paciência ou a atenção necessárias. A transição é única em cada indivíduo, e o sucesso de um processo de transformação depende de estar o GM sensível a esse fato.

Nem sempre a solução mais lógica é o candidato com melhor perfil. Muitas vezes recebo das empresas-clientes pessoas com grande talento e conhecimentos para realizar outras tarefas, não para gerir mudanças, muito menos transição. Então volto ao decisor, esclareço o verdadeiro papel do GM e peço que reveja a decisão. Eventualmente, uma pessoa interna em atividade bastante afastada do cargo em foco tem já uma liderança construída e facilmente irá adquirir as habilidades que lhe faltam. Pelo fato de os decisores não entenderem o real propósito da gestão de mudança, muitas vezes não reconhecem na própria organização inúmeros talentos escondidos e algumas vezes sub-utilizados, ou ainda reprimidos por gerências inseguras, receosas de perder status e poder. Mas são justamente esses talentos que fazem a diferença na preparação do ambiente, na ajuda mútua para o reestabelecimento da confiança e do comprometimento. E é com este olhar que, muitas vezes, acabo ajudando a direção da empresa a entender as competências de seu pessoal.

A alta direção tem um tipo específico de competência, que precisa ser usada. Os gerentes têm outra competência, e os colaboradores sem cargos gerenciais, que irão efetivamente passar pela mudança, têm ainda um terceiro tipo de competência. Todos precisam estar conscientes do nível de transição e mudança que irão enfrentar. O GM tem a tarefa de identificar nos indivíduos as habilidades e o reconhecimento que fazem de suas habilidades. No programa *Co-active Coaching* de que participei, conduzido pelo CTI - Coaches Training Institute[16], aprendi que um indivíduo, em relação ao domínio de determinada competência, passa por quatro etapas:

---

16. Site: www.thecoaches.com

Inconscientemente incompetente – A pessoa não tem a competência necessária e não sabe disso. Durante sua formação de GM ou, catastroficamente, no calor de uma mudança real, os outros notam que lhe falta habilidade.

Conscientemente incompetente – As perspectivas melhoram quando o indivíduo reconhece sua incompetência, ou seja, quando consegue sair do pavor ou da paralisia e passa a enxergar que precisa desenvolver a habilidade necessária, ou pedir substituição nas tarefas que a envolvam. Os liderados agradecem. Uma frase típica é: "Sei que não sou capaz de escrever com clareza, então é melhor eu me dedicar mais às palestras e pedir para Fulano redigir os textos mais intrincados".

Inconscientemente competente – O indivíduo tem a competência potencialmente, ou já a executa com desenvoltura, porém não sabe que a tem. Precisa que alguém lhe aponte. Não é raro depararmos com excelentes instrutores que nunca deram uma aula, e na primeira tentativa já o fazem muito bem.

Conscientemente competente – Tipicamente, encontra-se nesta situação o indivíduo que diz a si mesmo: "Agora sei que tenho a competência tal, e eu não sabia que tinha. Fico feliz por isso!". Digamos que o indivíduo dominasse muito bem o conteúdo, mas não a forma de passá-lo.

Uma vez treinado, uma vez feitos inúmeros exercícios, ele adquire também a capacidade de ser instrutor.

Quando uma mudança está em curso, as pessoas demandam apoio para desenvolver novas competências e passar pelos diferentes níveis de consciência de suas competências. Uma das habilidades que o GM precisa adquirir é fazer essa leitura. Ele identifica as habilidades necessárias e busca quem as tem ou as pode desenvolver.

O relato de Marcelo mostra que a absorção do novo conhecimento gerado não foi fácil, e foi responsabilidade da gestão de mudança apoiar a transferência de conhecimento. Disse que atuou fortemente não só no plano de treinamento, como também na execução e no acompanhamento da satisfação dos treinandos. Creio que a diferença foi levar em conta os talentos individuais, as necessidades das pessoas impactadas e as expectativas com os resultados, de maneira que todos puderam ter voz. São necessários vários momentos de interação e dedicação total para que nada passe batido – email respondido prontamente, mudança de agenda esclarecida pessoalmente, estabelecimento de parceria com áreas de suporte. Destaco aqui a importância de estabelecer parcerias com áreas suporte como RH, Finanças, Comunicação e Marketing.

Uma grande habilidade do GM é trabalhar a observação do ambiente com vistas a perceber e estimular talentos. Afinal, ele irá coordenar várias pessoas, várias competências.

Precisará saber reconhecer em que ponto da transição determinado colaborador está e saber como ajudá-lo a desenvolver o que precisa. Terá de reconhecer competências e colocá-las nos lugares certos. Ele irá, por exemplo, escolher para dar uma palestra alguém que domina um assunto, mas é muito tímido. O treinamento e a exposição dessa pessoa costuma ser bastante gratificante para o consultor. É muito comum ouvirmos expressões como "eu não tinha noção de que tivesse essa capacidade!". É muito bom quando o colaborador descobre que é bom em algo que não imaginava, que só precisava de aperfeiçoamento para minimizar suas limitações.

Para administrar as habilidades dos parceiros de caminhada, ajuda muito estar presente, conhecer o processo em mudança (o submarino que se move sob a gestão de mudança), educar a liderança, identificar as reações e resistências, saber montar equipes, atividades não muito simples, que demandam preparo. A seguir, vou falar um pouco sobre cada um desses tópicos.

Estar presente

Em muitas situações, quando estou trabalhando no Programa de Formação em Gestão da Mudança, uma frase de William Bridges me vem à mente: "Aqueles que planejam o futuro da empresa estão tão preocupados com esse futuro que se esquecem que as pessoas precisam antes se libertar do passado no presente". Realmente, uma atitude positiva durante uma mudança é não se fazer de morto em meio ao caos provocado internamente nas pessoas, com seus reflexos inevitáveis nas relações interpessoais.

Foco no presente, perceber os outros independentemente das palavras, respeitar sentimentos, atuar como um líder servidor – essas são qualidades essenciais. Tudo muito bom, muito bonito. Mas o que é estar presente? Se você respondeu "estar presente é estar presente, oras bolas!", talvez se aborreça um pouco com os próximos parágrafos, talvez ache a conversa espiritualizada demais. Bem, peço que você me acompanhe mesmo assim.

A noção de *estar presente* é algo intuitivo, e parece que não há muito a ser dito a respeito. Porém alguns estudiosos, vendo nessa atitude a chave para a solução de muitas dificuldades humanas, se dedicam a explicá-la. Um deles é Eckhart Tolle, um mestre espiritual da atualidade, alemão radicado no Canadá, cuja obra mais conhecida é *O poder do agora*. Vou falar aqui sobre outro livro dele, *Um novo mundo – O despertar de uma nova consciência*[17], uma maravilhosa fonte de esclarecimento sobre padrões mentais baseados no ego (parece que ele não usa o termo ego como foi definido por Freud) e o consequente aprisionamento existencial. Nesse livro, Tolle afirma que o despertar vem do reconhecimento das características nocivas do ego em nós e defende que estar consciente do momento presente

---

17. TOLLE, Eckhart, *Um novo mundo – O despertar de uma nova consciência*. Editora Sextante, RJ, 2007.

coloca luz sobre o ego que, então, encolhe, pois ele só tem força na escuridão.

Como vemos, Eckhart toca em um ponto sensível da nossa época. Não custa lembrar a velha estória do caipira que amarrou a ponta de um cipó atrás da cabeça de seu cavalo, de maneira que a outra ponta, atada a uma cenoura, ficasse à frente de seus olhos e nariz. Com esse estratagema, o sertanejo deu um *upgrade* na performance do seu pangaré. Pois bem, o ponto sensível de nossos dias não seria andarmos, inconscientes, atrás de uma cenoura, representada por ganhos de poder e de bens? O livro *Um novo mundo* nos alerta para as artimanhas do ego, que faz conosco o que o caipira desse conto fez com seu cavalo. Tolle vai mais longe. Ele nos convida a reconhecer o ego como um distúrbio coletivo.

Para ele, o ego é formado pelas identificações com bens, aparência física, mágoas, sensação de superioridade ou de inferioridade, e várias outras moções-cenoura. O ego é um impostor "fingindo ser você", escreve. Representa, no fundo, um elemento patológico da nossa existência. Está atrelado a queixas, ressentimentos, julgamentos – na definição de Tolle. O autor não vê muito sentido em alguém querer estar certo e mostrar que o outro está errado. Qual seria o ganho? Reforço ao ego? Mas isso apenas aprisionaria mais a ambos!

Ao abordar o desabrochar da consciência humana, Tolle diz que a *consciência única* manifesta-se temporariamente nas formas vivas. O ser humano é capaz de sentir certo grau de *presença*. E acrescenta que "nossa espécie tem a faculdade de sentir a essência vital divina, a consciência, ou o espírito imutável, que há em todas as criaturas, em todas as formas de vida, reconhecendo-a como compatível com a nossa própria essência". O estado não desperto se perpetua por causa do processo mental coletivamente condicionado, segundo o mestre espiritual. Ao ler "coletivamente condicionado", eu me lembro da quadrimembração, dos níveis de consciência nas organizações e da matriz de Ken Wilber. Parece que todos, afinal, estão mais ou menos alinhados em suas visões. Eckhart Tolle pergunta se a humanidade estaria preparada para abandonar o estado egóico da consciência e do que ele denomina *força gravitacional da materialidade*. Nessa mesma linha, deduz que as relações entre países e entre pessoas motivadas pela necessidade de alcançar sempre mais nos levam a um poço sem fundo. Para haver mudança, conclui, é preciso dissolver o ego, o pai do modelo mental destrutivo que a humanidade ainda cultiva. As mensagens de grandes sábios (Jesus Cristo, Sidarta Gautama, Lao-Tse) foram assimiladas a esse modelo mental, e por isso não foram bem compreendidas. Muitas pessoas religiosas se distanciam da espiritualidade ao fazer de suas crenças sua própria identidade, afirma o autor. Em contraposição a esses modelos mentais, formula o conceito de *presença:* "Tudo de que precisamos para nos livrar do ego é estarmos conscientes dele, uma vez que ele e a consciência são incompatíveis.

A consciência é o poder oculto dentro do momento presente. É por isso que podemos chamá-la de *presença*".

Um dos caminhos para se ter *presença* é, para ele, pararmos para sentir a vida que existe dentro do corpo. O segredo da felicidade, segundo Tolle, está em fazer as pazes com o momento presente, porque é aí que se dá o jogo da vida, não é antes e nem depois. A presença demanda não-resistência ao que acontece, não-julgamento de pessoas e situações, além de desapego. Assim, os eventos vão acontecendo externamente, enquanto internamente fica-se em silêncio. Não sei como você, leitor, vivencia sua *presença* no dia a dia. Para mim, faz parte da tarefa constante de crescimento pessoal. Especialmente quando estou coordenando uma equipe de mudança, torna-se mais forte a necessidade desse silêncio interno para não me deixar levar pela ansiedade dos outros ou da minha própria. Nesses momentos, gosto de lembrar as palavras de Tolle.

Essas noções são úteis à formação do GM, pois ele lida com situações às vezes muito difíceis. São momentos em que alguns indivíduos se apegam à circunstância anterior e resistem à chegada da circunstância nova. Estar presente no ambiente em mudança lhe trará mais abertura para compreender os envolvidos e costurar coletivamente as melhores soluções. A qualidade da presença do GM inspira os demais a também se colocarem como agentes de mudança.

Ao longo do tempo, diz Tolle, construímos estruturas internas que nos condicionam a determinados comportamentos que afetam nossas interações. Como programas instalados dentro de nós, tais estruturas impedem o reconhecimento da essência do grupo a que pertencemos. O GM necessita desenvolver, primeiro em si, depois nos outros, atitudes e comportamentos que favoreçam, em cada um, a habilidade de ser parte do todo e abram espaço para as pessoas serem o que são.

Outra grande contribuição desse mestre é que ele nos ajuda a perceber as estruturas vigentes nas relações em grupo. Ele afirma ser possível identificar no interior de qualquer grupo estruturas disfuncionais que emperram o desenvolvimento das pessoas. São algumas delas:

- *Excesso de envolvimento ou de identificação emocional* – induz a emissão de julgamentos desnecessários, além de provocar a dispersão do foco em relação ao que é realmente importante.
- *Resistência em aceitar como as coisas são* – provoca um desalinhamento com a realidade, quebrando a sinergia da equipe.
- *Rejeição a pontos de vista diferentes* – cria isolamento e quebra de confiança nas relações de grupo. *Projeção do incômodo, no outro, do que uma pessoa não quer ver em si* – dificulta a interação, o ouvir e a comunicação.
- *Expectativa, por parte de uma ou mais pessoas, de que tudo ocorra como elas querem* – predispõe a frustrações que podem minar a motivação pessoal e do grupo.

- *Comparação com o outro* – fomenta competição e cisão no grupo.

Você já deve ter vivido coisas assim em algum grupo, seja entrando de cabeça nessas disfunções, seja lutando contra elas, sem saber exatamente o que estava acontecendo. Quem coordena uma mudança organizacional precisa de um antídoto contra cada uma dessas estruturas. Acredito que estar presente, nesse sentido explicado por Eckhart Tolle, é o antídoto.

Conhecer o processo de mudança em curso

É condição exigida, para o sucesso da atuação do GM, que conheça os fundamentos técnicos e conceituais da mudança que está em curso, seja uma troca de software, seja outro tipo de transformação. Se não conhecer, precisa estudá-los antes e a tempo, para saber a que circunstâncias as pessoas irão se ajustar. Talvez precise se atualizar a respeito de um modelo de logística, ou de um processo financeiro etc. Ele sabe que será auxiliado nessas questões, mas precisa se antecipar a dúvidas que podem surgir a qualquer momento, por qualquer dos envolvidos. Aparecerão questões desse tipo: Como acompanhar a tomada de consciência, por parte dos funcionários, sobre a nova maneira de trabalhar? Como reagirão os funcionários que irão perder seus papéis atuais? Como reagirão os que irão assumir novos papéis? Como comunicar as mudanças?

É gratificante constatar, quando o GM entende realmente o que está sendo mudado, como ele cria cumplicidade, como estreita os laços com as equipes e fala a língua dos impactados pela mudança.

Identificar as reações e as resistências

Aquilo que foi dito no Capítulo 1 sobre a estratégia da mudança e a trimembração se aplica totalmente às reações dos colaboradores. A resistência no nível do pensar se manifesta como dúvida, no nível do sentir, como desconfiança e no nível do querer, como medo.

Segundo Allan Kaplan, autor do livro *Artistas do invisível*[18], descobrir e tornar visível o que está oculto ajuda a desimpedir os caminhos da transformação. É a melhor maneira de tornar conhecido o contexto e esclarecer o que não esteja transparente. O passo seguinte é um aprofundamento na mesma direção: observar o que existe por trás do contexto e identificar conflitos potenciais. Esconder a poeira debaixo do tapete, a meu ver, está longe das tarefas de um gestor ou gestora de mudança. Pois o mais produtivo é justamente trazer à luz os desencontros interpessoais, respeitando as pessoas, para resgatar valores e alterar crenças individuais. O GM precisa aguçar sua capacidade de observação para identificar os padrões de crença instalados em cada um dos indivíduos.

---

18. KAPLAN, Allan, *Os artistas do invisível - O processo social e o profissional de desenvolvimento*. Editora Peirópolis, São Paulo, 2005.

A partir da observação, o GM vai aos poucos auxiliando as pessoas a fazerem a travessia do velho para o novo. Daí a importância de seu autoconhecimento, pois, olhando de perto, essa condução é um misto de percepção e análise objetiva, que implica olhar, primeiro, para dentro de si, e então explorar o ambiente. A Figura 11, reprodução de uma ilustração utilizada por Kaplan, é uma imagem visual dessa travessia.

Uma imagem poética me anima quando a coisa está difícil. São estas palavras de Fernando Pessoa: "Há um tempo em que é preciso abandonar as roupas usadas, que já têm a forma do nosso corpo, e esquecer os nossos caminhos, que nos levam sempre aos mesmos lugares. É o tempo da travessia: e, se não ousarmos fazê-la, teremos ficado, para sempre, à margem de nós mesmos".

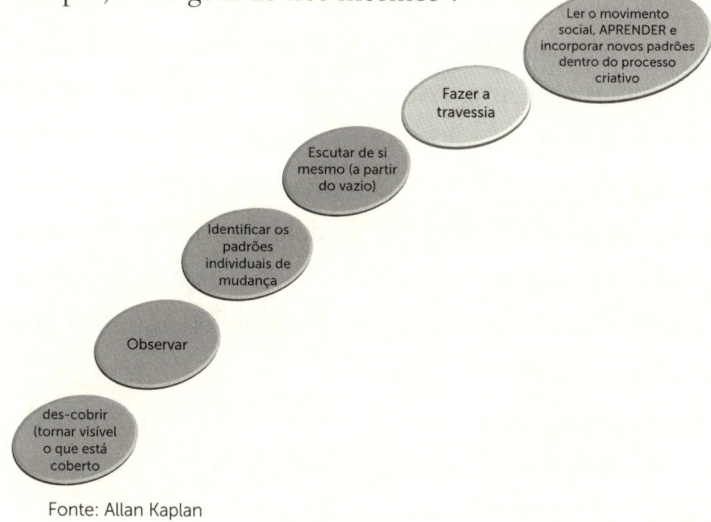

Fonte: Allan Kaplan

Figura 11 – Fazer a travessia

Educar a liderança

Estar de coração e mente abertos, fazer-se totalmente presente para acompanhar a transformação que ocorre de dentro para fora dos indivíduos é, a meu ver, liderar. O mapeamento de quem são e onde se encontram as pessoas que podem co-liderar está nos primeiros passos de um processo de mudança. O GM não conseguirá cuidar de toda a trajetória sem uma equipe forte e coesa de gestão.

Esse mapeamento é feito no momento do diagnóstico cultural. Trataremos disso no próximo capítulo, dedicado à mudança em si. Veremos que o mapeamento é o primeiro componente a ser utilizado pelo GM para entendimento do contexto. Em cada pessoa entrevistada, o GM afere a competência em apoiar o caminho de transição e mudança.

Todos nós sabemos que uma experiência nova desloca experiências antigas e o deslocamento de experiências antigas nos tira da zona de conforto. As pessoas têm dificuldade em perceber uma experiência nova. Efetivamente, elas captam mais facilmente a ideia de mudar do que a experiência propriamente dita. Lembre-se do caso do RH Paulo, na abertura do livro. O exemplo reflete muito bem o que vejo acontecer na realidade.

Quando uma empresa tira as pessoas de suas zonas de conforto, precisa contar com um conjunto de líderes conscientes e preparados para o apoio – fator imprescindível para a mudança ser orquestrada de forma eficiente. Uma vez despertos para o papel de agentes da mudança, os líderes percebem o quanto podem colaborar para sustentar a situação, por vezes dramática, de quem sai da zona de conforto. A primeira instância a enfrentar é tensão, e a segunda, pânico. A Figura 12 dá uma ideia do substrato em que são traçados os caminhos para se abandonar a zona de conforto.

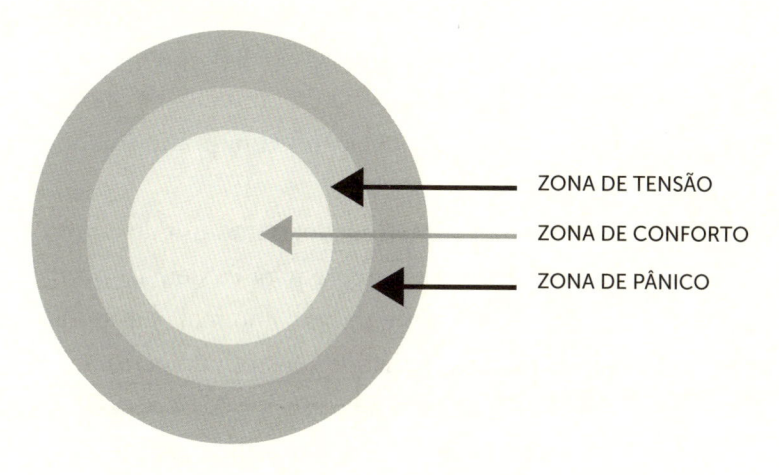

ZONA DE TENSÃO
ZONA DE CONFORTO
ZONA DE PÂNICO

Fonte: Programa de Formação em Gestão da Mudança

Figura 12 – Zona de conforto e seus contornos

Quando o mundo externo muda, é natural que as pessoas ainda assim queiram permanecer como estão. E é a liderança que dá sustentação para que se movam e andem para a zona de tensão, onde são convidadas a caminhar a favor da mudança, esforçando-se para experimentar o novo, despedir-se do antigo e criar. O cuidado a ser tomado é não deixar que entrem na zona de pânico, situação muito comum quando a liderança não exerce bem o seu papel. O líder desperto é bom como *comunicador, filtro, integrador, exemplo* e, finalmente, quando reúne todas essas virtudes, como um verdadeiro *agente de mudança*.

Vamos ver agora o que significa ter cada uma dessas virtudes:

• ***Comunicador*** – Promover com agilidade, proximidade e equidade a clareza e a transparência das informações, das decisões e das responsabilidades. O líder conhece seu estilo de liderança e o seu papel como principal responsável pela gestão das pessoas, colocando em prática as diretrizes da organização.

• ***Filtro*** – Atuar como amortecedor e tradutor do contexto organizacional para sua equipe e para os demais profissionais, propiciando ambiente de trabalho mais harmonioso e saudável, ao qual os indivíduos gostem de pertencer.

• ***Integrador*** – Agir como aglutinador das áreas e promotor da colaboração e do espírito de equipe, assumindo a corresponsabilidade pelos resultados globais.

• ***Exemplo*** – Ser paradigma de comportamento para a organização, tornando-se referência na aplicação prática dos valores e do modelo de conduta.

• ***Agente de mudança*** – Mobilizar por meio de sua atuação, pragmática e perseverante; exercer influência; servir de apoio e incentivo.

A pessoa encarregada de gerir a mudança pode desenvolver a conscientização nos potenciais líderes, seja por meio de reuniões, workshops, coaching individual ou mesmo por meio de reflexões em pequenos grupos. Se não se sentir capaz para tanto, cabe buscar uma consultoria especializada.

Nós sabemos que oferecem grande apoio os líderes que estejam capacitados a:

• Agir com sabedoria, responsabilidade e não somente com poder. Isso significa exercer uma liderança orgânica.

• Acreditar na mudança, apesar das dificuldades e das consequências possíveis.

• Questionar a si próprio se está mesmo preparado para encaminhar as mudanças; e se compreende realmente o que é a transição interna dos colaboradores.

• Saber influenciar os outros.

• Usar todos os seus talentos e saber viver em águas turbulentas.

• Equilibrar tensão entre os fatos reais (pensar) e a compaixão (coração).

• Ser uma liderança quase invisível, como um diretor de teatro que, apesar de participar de toda a construção das falas, do cenário e do figurino, não está à frente do público na hora da apresentação.

Reeducar a liderança é uma das tarefas mais desafiadoras do GM. Exige provocar a reflexão dos líderes sobre seus aspectos pessoal, interpessoal, organizacional e contextual. O gestor de mudança levanta questões incômodas, como, por exemplo:

- *Aspecto pessoal* – Quem é você? Você está conectado com o seu sistema de valores? Em que você acredita? Como você se define como pessoa?
- *Interpessoal* – Como você trabalha com outras pessoas? Como você influencia colegas, clientes, cidadãos?
- *Organizacional* – Como você contribui para o desenvolvimento da organização? Como você ajuda a organização a cumprir sua missão?
- *Contextual* – Que reflexos criam na sua atuação as questões de cunho social, político, tecnológico e econômico?

Gestão da mudança é uma questão de liderança. Não existem milagres. São os líderes que precisam assumir o comando. O GM tem a missão de identificar quem são os líderes com o perfil necessário e vontade de ajudar. O passo seguinte é capacitá-los para poderem exercer o papel de agentes da mudança. Os líderes sem histórico de condução de mudança ganharão muito com o treinamento, pois terão mais condição de acompanhar a velocidade com que o mundo está andando.

Quero reforçar que certas mudanças produzem, dentro das pessoas, angústia, medo e impulso para a fuga. Se não houver uma liderança eficiente, a transformação pode estancar no meio do caminho.

Saber montar a equipe

Após identificar quem são seus aliados (os agentes da mudança), o GM precisa estruturar uma equipe para apoio nas atividades do dia a dia. São inúmeros comunicados, reuniões, ajudas à equipe do projeto, assistência à alta direção, formatação de relatórios, resultados, gráficos, eventos, *powerpoints* que não acabam mais, capacitações e um sem-fim de tarefas, algumas já rotineiras, outras completamente novas. Só mesmo uma equipe bem azeitada e comprometida para dar conta de tudo. O cuidado é sempre com a definição do perfil e com o tempo disponível da equipe, seja ela formada por elementos internos ou externos à empresa. Não é possível fazer um trabalho eficaz com alguém alocando 50% de seu tempo para a mudança, 50% para o que vinha fazendo antes. A não ser que se trate de uma iniciativa de pouca monta, são necessários 100% do tempo de cada profissional.

Para algumas demandas, o GM precisa contar com pessoas de dentro da empresa, como nos temas comunicação e mapeamento das mudanças e impactos organizacionais, assuntos que requerem conhecimento da cultura. Os demais temas, como diagnóstico cultural, gestão de equipe, sensibilização e capacitação, poderão ser realizados por alguém de fora.

Um exemplo básico de estrutura para coordenar a mudança seria a consultoria externa trabalhando em conjunto com um grupo coordenador interno, ramificado em subgrupos para cuidar de comunicação, treinamento, mudanças e impactos organizacionais, coordenação das equipes.

Ah, falta o submarino! Você está lembrando que estou falando só do periscópio?

Em paralelo a toda essa movimentação, há uma novidade técnica sendo instalada, ou mudança física da empresa para outra cidade, ou uma sucessão traumática de CEO, enfim, uma grande alteração na maneira de se fazer as coisas. Não é meu objetivo falar do submarino, mas ele está lá, ou seja, durante toda movimentação que estou descrevendo há profissionais técnicos preparando a implantação do novo. O gestor do submarino, digo, do projeto, se encarrega de: apoiar a estruturação e o desenvolvimento da equipe do projeto; aplicar as pesquisas de clima referentes ao projeto; apoiar os gestores da empresa na elaboração dos planos de ação para tratar o clima; acompanhar o levantamento, a análise e a validação dos impactos organizacionais e dos planos de ação associados; apoiar a condução do programa de participação e envolvimento estruturado dos influenciadores.

Já o GM assume a responsabilidade por: liderar a equipe de GM; alinhar as atividades das demais frentes do projeto com as atividades de gestão de mudança; orientar e influenciar os gestores do projeto nos aspectos relacionados às pessoas da empresa; promover a participação e o envolvimento dos influenciadores da organização; conduzir o programa de participação e envolvimento dos influenciadores; participar das definições estratégicas e táticas do projeto.

O profissional encarregado da comunicação, em linhas gerais, irá:
- Apoiar o desenvolvimento da estratégia e do plano de comunicação;
- Implementar o plano de comunicação segundo a definição de públicos, mídia e periodicidade;
- Estruturar e encaminhar a produção das peças de comunicação para os diferentes públicos.

No caso do profissional que assumir o *planejamento do treinamento*, seja para a equipe do projeto, seja para as pessoas que serão afetadas pela mudança, ele fará as seguintes tarefas:
- Apoiar o desenvolvimento da estratégia de treinamento para os usuários finais;
- Elaborar o plano de treinamento dos impactados pela mudança;
- Apoiar o treinamento dos instrutores e multiplicadores e a sensibilização dos usuários finais;
- Coordenar as atividades associadas ao treinamento dos usuários finais (grade, materiais e logística de treinamento);
- Coordenar as atividades associadas ao treinamento dos usuários-chave;
- Avaliar os resultados dos treinamentos.

Finalmente, após a equipe do projeto ter claras as principais mudanças, a pessoa responsável pelo levantamento das mudanças e seus impactos terá as seguintes responsabilidades:

- Apoiar a análise dos impactos das mudanças na estrutura organizacional e nas competências associadas;
- Participar da estruturação e do acompanhamento dos planos de ação decorrentes da análise de impactos.

Vemos mais uma vez como é fundamental trabalhar em grupo, seja a empresa média ou grande. Por isso destaquei a necessidade de que o GM tenha certa senioridade. Ele precisa olhar, ao mesmo tempo, para o contexto geral e os contextos particulares. A Figura 13 retrata de forma geral uma estrutura básica de equipes:

Fonte: Programa de Formação em Gestão da Mudança

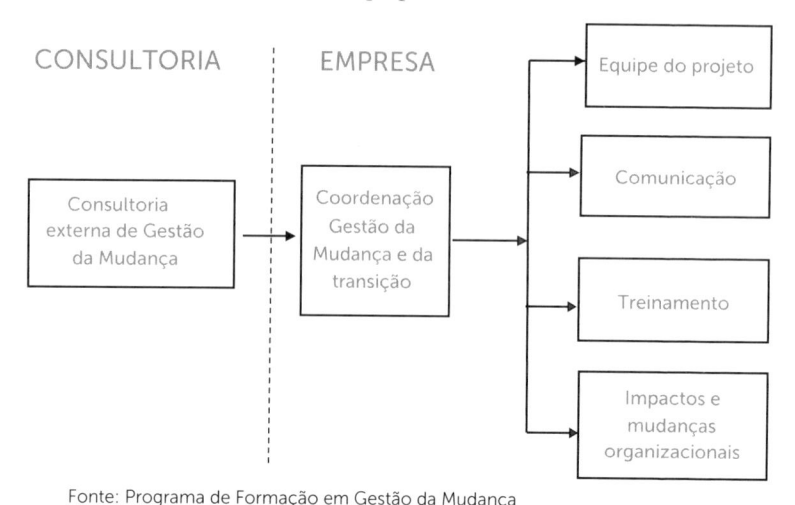

Figura 13 – Equipes

2.3 Programa de Formação em Gestão da Mudança

O nascimento

Em 2010, como consultora do Instituto EcoSocial, decidi realizar mais uma empreitada. Convidei alguns colegas do EcoSocial e outros do mercado – parceiros de longa data – para apoiar a montagem do Programa de Formação em Gestão da Mudança, no formato de módulos de imersão. Essa criação era para mim a realização de um sonho antigo, construído a partir de longa experiência gerindo momentos de mudança em empresas de variados portes e atividades. A ideia era preparar pessoas para liderarem a gestão da mudança e a gestão da transição. O objetivo era formar profissionais para atuarem como gestores da mudança e gestores da transição pelo caminho do comprometimento de indivíduos, grupos e organizações, tendo como base e fundamento a antroposofia.

A montagem não demorou muito e, quando me dei conta, a primeira turma já estava formada. Planejar o programa não foi difícil, pois a experiência de caminhada profissional e pessoal no tema dava-me clareza quanto ao tipo de capacitação que gostaria de oferecer ao mundo. Tive a satisfação de formar gestores de mudança segundo a visão antroposófica e o embasamento teórico e vivencial que apresento neste livro. Sou muito grata às pessoas que compartilharam comigo partes de suas vidas, nesses encontros, e tanto me ensinaram nesse compartilhamento.

Composição e abrangência

O Programa perfaz cerca de 150 horas e é formatado por módulos residenciais, incluindo supervisão de projeto aplicativo e, de forma opcional, sessões individuais de *mentoring* (serviço de aconselhamento). Em cada módulo, os participantes são levados a viver intensamente cada fase da gestão de mudança e da transição às quais já me referi (contato, entendimento, crença, comprometimento e sustentação) e vivenciam ao máximo atividades artísticas e andragógicas.

Há uma mescla de apresentação de conceitos, métodos, técnicas e ferramentas com atividades e vivências para o aprendizado. Mais do que entregar ferramentas e conceitos, o Programa se esforça para formar GMs empenhados em ser a mudança, usar a mudança e criar a mudança em seu entorno, a partir da vivência das suas próprias transições. O Programa inclui conhecimentos técnicos e práticos, atividades com artes, reflexão em grupo e muito trabalho de autopercepção e autoconhecimento. Estar presente, no sentido colocado por Eckhart Tolle, é a tônica da formação. É condição obrigatória que o participante esteja gerindo uma situação de mudança, a fim de dar mais vida ao seu aprendizado, aplicando-o ao mesmo tempo em que aprende.

No Programa de Formação em Gestão da Mudança, trabalha-se muito o refinamento da percepção e a observação do próprio comportamento. Afinal, um GM coordena várias pessoas, várias competências. Lida com situações difíceis, público questionador, salas de aula improvisadas, infraestrutura incompleta etc. Atua, como eu disse lá atrás, entre o "navegar" e o "viver", justamente quando as águas estão mais turbulentas.

O Programa inclui muitas atividades artísticas. As pessoas colocam a mão na massa e descobrem facetas desconhecidas de si mesmas. Na verdade, alguns participantes resistem a embarcar em determinadas atividades. Na modelagem com argila, por exemplo, alguns ficam resistentes no primeiro momento, mas depois se entregam à vivência e os resultados aparecem na hora. Pessoalmente, não sei como trabalhar meu autodesenvolvimento sem incluir vivências artísticas. Nelas, posso realizar uma jornada em direção à minha essência, consigo conectar-me melhor comigo mesma e com meu entorno. As artes proporcionam uma ambientação de sonho para trabalhar o autodesenvolvimento. E sonhar, para mim, é o começo, o meio e o fim da arte de viver.

A dança aumenta a percepção corporal e proporciona um momento de descontração e contato físico entre os participantes. Nos workshops de treinamento, fica visível o quanto nos distanciamos desse meio que, no fundo, somos nós mesmos. É a partir da dança que resgatamos a autoestima e nos conhecemos verdadeiramente a partir dos toques, ritmos e estilos. Quando mergulhamos na dança, a resistência ao novo fica menor.

A música tem um papel importante para despertar o ouvir a partir do coração e da vibração sonora, estimulando um diálogo com instrumentos diferentes e sons diversos. Constatar que os indivíduos têm sons e ritmos próprios nos ensina a respeitar as diferenças. O teatro ajuda a trazer a espontaneidade, a brincadeira e a magia. No Programa de Formação em Gestão da Mudança, os participantes percebem que podem viver papéis sem perder sua essência. A euritmia, técnica própria da antroposofia, desvenda o mundo interior como forma de trabalhar as energias do pensar, sentir e querer. Provoca, a partir de movimentos suaves, grande bem-estar físico e espiritual.

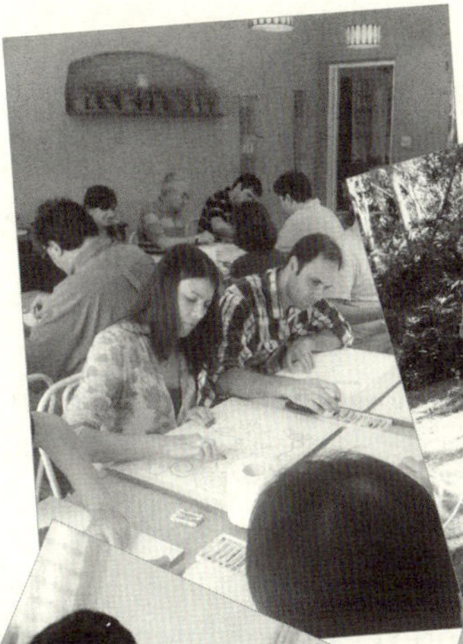

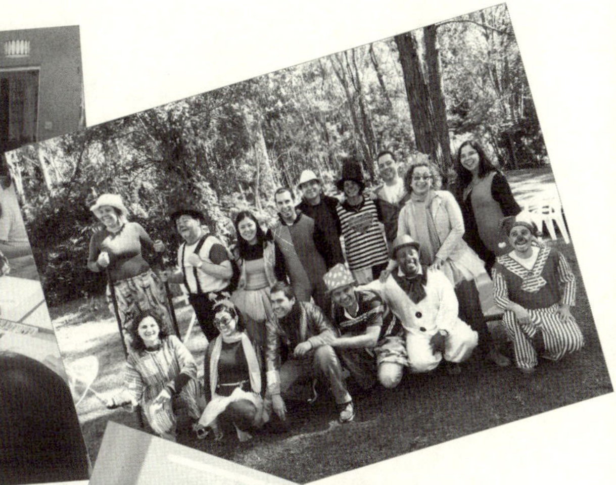

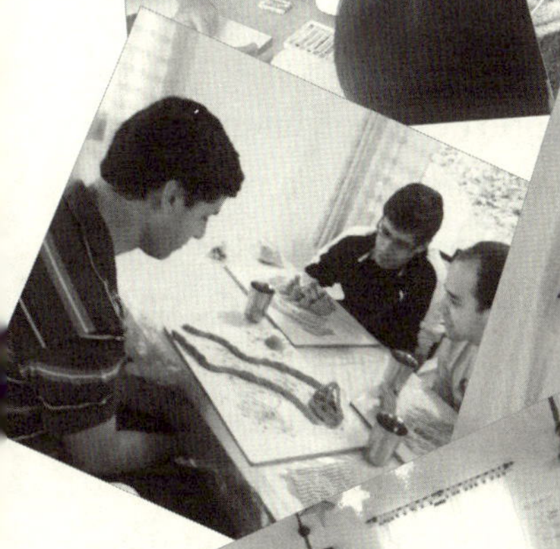

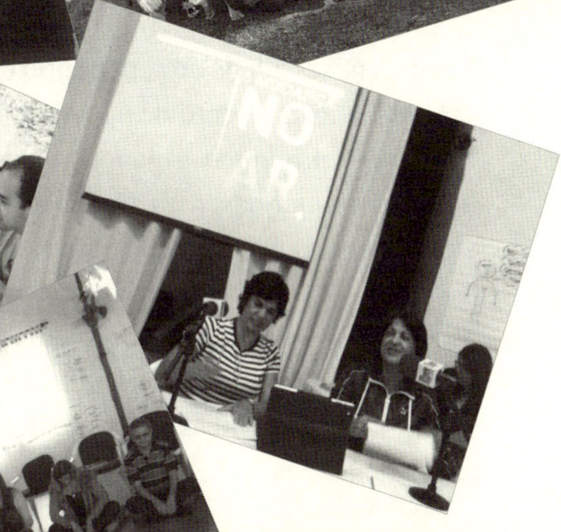
NO
AR

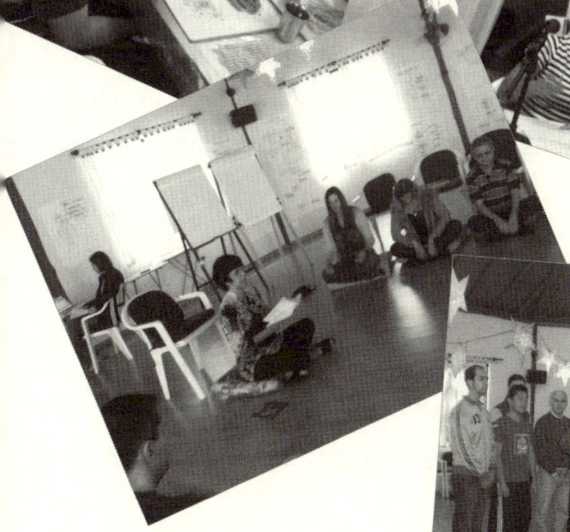

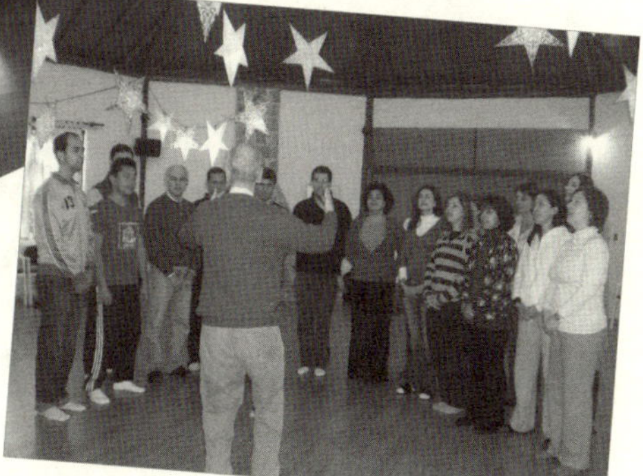

Objetivos

Há grande preocupação em preparar o GM para lidar com a transição das pessoas. No seu trabalho, como já comentei antes, irá apoiar os indivíduos para fazerem o seu melhor, em outras oportunidades, identificará talentos subutilizados e encorajará aqueles que pararam na menos valia.

Com essa inspiração toda, o Programa de Formação em Gestão da Mudança foi montado com o objetivo de criar para o participante a oportunidade de:

• *Ser a mudança* – ampliando a consciência individual quanto à necessidade do seu próprio desenvolvimento como o principal instrumento de apoio à transição e à mudança.

• *Usar a mudança* – planejando de maneira estruturada as ações requeridas para promover a aceitação de novas ideias, necessidades e expectativas, e para gerar confiança nos grupos e o comprometimento nos indivíduos.

• *Criar a mudança* – desenvolvendo competências e o caminho individual de aprendizado, por meio de conceitos, métodos, técnicas, ferramentas, projetos aplicativos e vivências.

Tentando entender o que significa uma mudança organizacional, com toda a revolução que causa nos vínculos interpessoais, aprendi algumas lições, que compartilho agora em pequenos tópicos:

• O GM não consegue tocar alguém se não cultivar valores.

• A fé é um sentimento de confiança que se deposita em si, no outro e na realização de qualquer ação.

- A humildade é atitude-chave, e significa ir ao encontro do outro; acolher críticas; defender ideias com isenção de ânimo.
- Co-criar significa não estar acima ou abaixo das pessoas, mas ao lado, para criar em conjunto.
- Saber pedir ajuda é um fator de desenvolvimento para o GM e seus circunstantes.
- Ouvir a partir do coração ajuda a perceber as demandas, nem sempre explicitadas, que emanam de cada indivíduo, da cultura organizacional e do cenário específico.

A aprendizagem tem como base a andragogia e, é claro, a antroposofia. Um educador muito lembrado no Programa de Formação em Gestão da Mudança é o brasileiro Rubem Alves[19]. Sua teoria foi inspiradora dos *projetos pedagógicos dinâmicos*, que buscam motivar professores e alunos, construindo constantemente novos saberes, contagiando e inquietando, na certeza de que há esperança e de que sonhar é possível. *Saber é saborear*, escreve o educador, e ensinar é mobilizar no outro o desejo de aprender.

No trabalho com música, um dos profissionais convidados é o maestro Marcelo Petraglia, que cria bastante harmonia nos treinamentos com suas atividades musicadas. Ele, por exemplo, leva os participantes a conversarem por meio de um xilofone. É muito divertida essa maneira de treinarmos o ouvir e o dialogar!

---

19. Rubem Alves, nascido em Minas Gerais, é pedagogo, poeta, psicanalista e filósofo. Produziu uma vasta e importante obra escrita.

Em outra atividade, chamada *Fichas caem,* os participantes compartilham insights e conclusões "saídas do forno", e sempre criam um clima de empatia.

Para não alongar muito meus comentários sobre o PFGM, atividade que tanto estimo, deixo o leitor com alguns *flashes* de treinamentos residenciais que fizemos. Tento com eles trazer um pouco do clima desses encontros.

Uma das vivências realizadas no Programa de Formação em Gestão da Mudança é pedir à turma que retrate em uma enquete, na qual todos do grupo têm algum papel, quais seriam os 12 mandamentos e as 7 virtudes do gestor da mudança. Os *flipcharts* aqui mostrados são testemunhas das reflexões.

Os 12 mandamentos e as 7 virtudes do GM

MANDAMENTOS
1. SABER OUVIR
2. ESTAR ABERTO À CRÍTICAS E PARA O NOVO
3. ALINHAR EXPECTATIVAS
4. ACREDITAR QUE TODOS PODEM FAZER A DIFERENÇA
5. TER CORAGEM
6. DESPERTAR A CONSCIÊNCIA
7. INVESTIR NO DESENVOLVIMENTO DO CONHECIMENTO

VIRTUDES
1. RESPEITO
2. AUTO CONHECIMENTO
3. FLEXIBILIDADE
4. EQUILÍBRIO
5. PROTAGONISMO
6. GENUÍNO INTERESSE
7. ENTUSIASMO

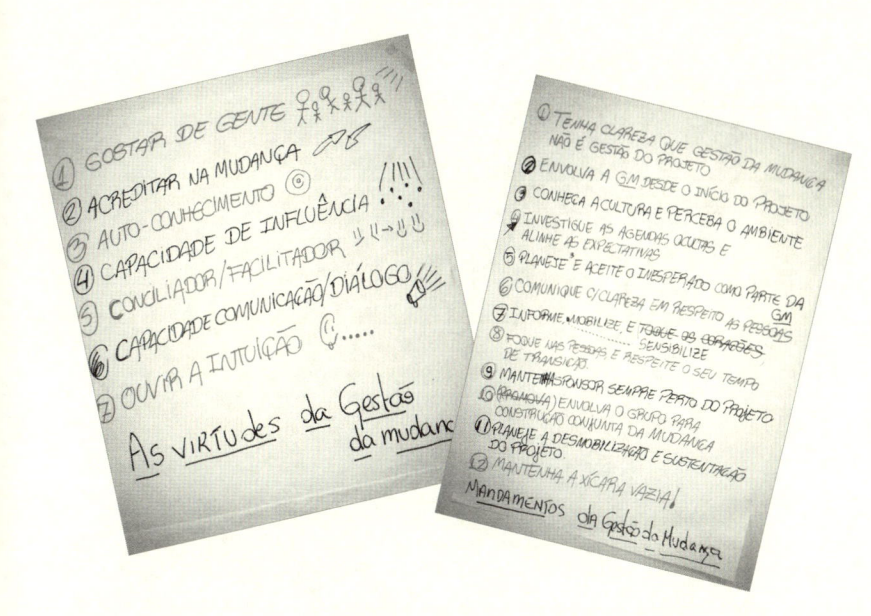

As virtudes da Gestão da mudança

1) GOSTAR DE GENTE
2) ACREDITAR NA MUDANÇA
3) AUTO-CONHECIMENTO
4) CAPACIDADE DE INFLUÊNCIA
5) CONCILIADOR/FACILITADOR
6) CAPACIDADE COMUNICAÇÃO/DIÁLOGO
7) OUVIR A INTUIÇÃO

Mandamentos da Gestão da Mudança

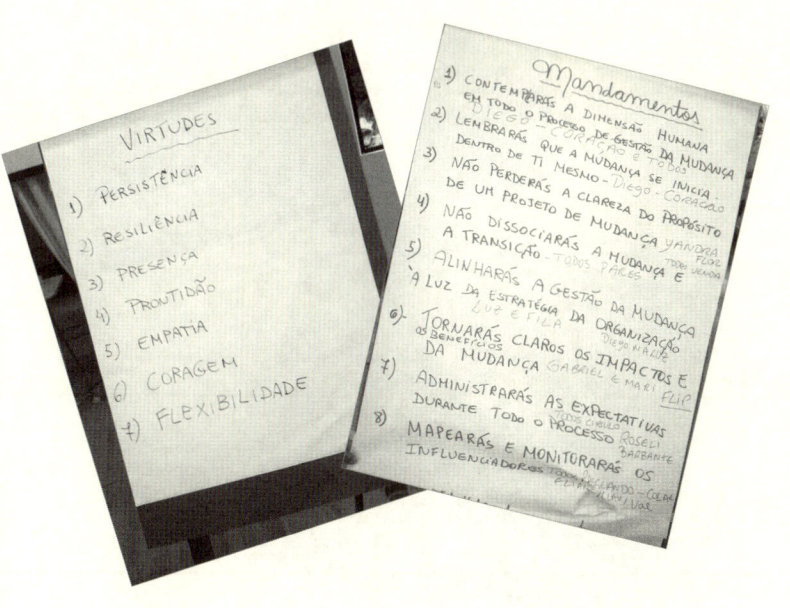

1) TENHA CLAREZA QUE GESTÃO DA MUDANÇA NÃO É GESTÃO DO PROJETO
2) ENVOLVA A GM DESDE O INÍCIO DO PROJETO
3) CONHEÇA A CULTURA E PERCEBA O AMBIENTE
4) INVESTIGUE AS AGENDAS OCULTAS E ALINHE AS EXPECTATIVAS
5) PLANEJE E ACEITE O INESPERADO COMO PARTE DA GM
6) COMUNIQUE C/CLAREZA EM RESPEITO AS PESSOAS
7) INFORME, MOBILIZE, E TOQUE OS CORAÇÕES........ SENSIBILIZE
8) FOQUE NAS PESSOAS E RESPEITE O SEU TEMPO DE TRANSIÇÃO
9) MANTENHA SPONSOR SEMPRE PERTO DO PROJETO
10) PROMOVA/ENVOLVA O GRUPO PARA CONSTRUÇÃO CONJUNTA DA MUDANÇA
11) PLANEJE A DESMOBILIZAÇÃO E SUSTENTAÇÃO DO PROJETO
12) MANTENHA A XÍCARA VAZIA!

Virtudes

1) PERSISTÊNCIA
2) RESILIÊNCIA
3) PRESENÇA
4) PRONTIDÃO
5) EMPATIA
6) CORAGEM
7) FLEXIBILIDADE

Mandamentos

1) CONTEMPLARÁS A DIMENSÃO HUMANA EM TODO O PROCESSO DE GESTÃO DA MUDANÇA – DIEGO
2) LEMBRARÁS QUE A MUDANÇA SE INICIA DENTRO DE TI MESMO – Diego - CORAÇÃO
3) NÃO PERDERÁS A CLAREZA DO PROPÓSITO DE UM PROJETO DE MUDANÇA – YANDRA
4) NÃO DISSOCIARÁS A MUDANÇA E A TRANSIÇÃO – TODOS PAPÉIS
5) ALINHARÁS A GESTÃO DA MUDANÇA À LUZ DA ESTRATÉGIA DA ORGANIZAÇÃO – LUZ E FILA
6) TORNARÁS CLAROS OS IMPACTOS E OS BENEFÍCIOS DA MUDANÇA – GABRIEL E MARI FLIP
7) ADMINISTRARÁS AS EXPECTATIVAS DURANTE TODO O PROCESSO – ROSELI
8) MAPEARÁS E MONITORARÁS OS INFLUENCIADORES

136 • A TRANSIÇÃO NA GESTÃO DE MUDANÇA

Comentários dos participantes

Aqui temos alguns comentários de participantes do Programa de Formação em Gestão da Mudança ao final de atividade artística:

- Amadurecimento é a coragem em podermos nos expressar na pintura. Ela não mente.
- Os padrões existem e eles imprimem a nossa cor.
- Quando danço com outro, ele me faz espelho para saber quem realmente eu sou.
- A pausa é muito importante para ouvir o diálogo do grupo.
- No dia a dia precisaremos seguir vários gongos que possuem timbres diferentes.
- No teatro assumimos papéis e na vida atuamos a partir de valores.

Ao final do último módulo, os participantes escrevem o que pretendem fazer para continuar o caminho de desenvolvimento e aprendizagem. Eis aqui algumas das frases:

- Quero me dedicar ao meu lado de consciência intuitiva.
- Melhor equilíbrio entre trabalho e vida pessoal.
- Continuar a cuidar do meu corpo físico e vital, agora com mais consciência.
- Com disciplina, incluir a meditação em minha rotina.
- Curso de mediação de conflitos.
- Terapia artística.

- Formação biográfica.
- Curso de formação do jogo de transformação.
- Aprofundar nos temas vistos, principalmente na espiritualidade.
- Práticas corporais.
- Práticas físicas.
- Explorar, cutucar, beliscar, conhecer, revisitar, cavar o meu eu.

CAPÍTULO

3

A CONDUÇÃO DA MUDANÇA

Depoimento – Gestão de mudança e relacionamento entre pais e profissionais de uma creche

Este relato foi feito por Rosemeire Resende Laviano, formada no Programa de Formação em Gestão da Mudança, graduada em pedagogia e letras, com especialização em pedagogia Waldorf pelo Centro de Formação de Professores Waldorf de São Paulo. É certificada em recursos especiais pela Association for a Healing Education.

A creche Grão da Vida começou a funcionar em 1985, como iniciativa de voluntários para atender crianças carentes. Uma década depois, por meio de convênio com a Secretaria de Assistência Social do Município de São Paulo, passou a abrigar uma CEI – Centro de Educação Infantil, e acolhe aproximadamente 160 crianças.

Quando iniciei meu primeiro módulo no Programa de Formação em Gestão da Mudança, entrei em contato com o Grão da Vida para ali desenvolver meu projeto aplicativo. Os profissionais da creche consideravam que os pais entregavam as crianças numa perspectiva de que o filho fosse apenas bem cuidado, sem ver a dimensão do educar que permeia a prática pedagógica da instituição. Os profissionais queriam comunicar melhor a linha pedagógica do Grão da Vida. Havia necessidade de estreitar os laços com os pais e abrir caminho para o diálogo. Meu desafio era implantar um projeto segundo as etapas da gestão de mudança.

O projeto foi desenhado de forma conjunta com o pessoal da creche, e cada etapa foi delineada conforme os interesses da instituição. Após os primeiros contatos, fizemos um levantamento das opiniões dos profissionais, verificamos as expectativas dos educadores e fizemos um diagnóstico da situação. Daí em diante, foram traçadas as metas para fortalecer e firmar o projeto. Também fizemos diagnósticos com os pais, uma vez que era essencial conhecer seus interesses, suas visões a respeito do Grão da Vida e suas disponibilidades. Esses diagnósticos nortearam as etapas que se seguiram.

As várias reuniões que tivemos também nos ajudaram a formar uma imagem mais clara e precisa do movimento de aproximação entre educadores e pais. Traçamos uma linha de trabalho para preparar os educadores para a primeira ação do projeto – um encontro com os pais, no qual seriam oferecidas oficinas. Alguns professores ofereceram-se livremente para participar, doando seu tempo e dedicação.

Mais tarde, os pais receberam uma pequena carta com agradecimento pela sua participação no diagnóstico e receberam convite para o primeiro encontro entre pais e educadores, que seria o lançamento do projeto, batizado então de Grão e Família. O lançamento do projeto se deu em um encontro com apenas oito pais. Porém, foi um excelente começo, os pais saíram tocados com as oficinas que foram realizadas. De início estavam retraídos, depois se soltaram. A atmosfera criada foi de descontração, amizade e confiança!

Meses mais tarde, avaliei o projeto com os educadores e traçamos planos para o futuro. As seguintes ações foram planejadas para sustentação do projeto: agregar efetivamente o projeto à identidade do Grão da Vida e reservar espaço para o Grão e Família nas reuniões regulares; tornar Grão e Família uma tradição, organizando ações como parte do calendário escolar; nomear três guardiãs do projeto; reforçar e divulgar o Grão e Família nas matrículas e rematrículas; manter contato com pais de ex-alunos; buscar patrocínio em empresas próximas, com intermediação das mães trabalhadoras nessas empresas; promover o desenvolvimento local e integrar as famílias ao processo.

Observamos que a mudança ocorreu de forma mais tranquila e ancorada do que imaginamos a princípio. Educadores e pais mostraram-se confortáveis e entusiasmados com o fortalecimento nas relações.

Ao final de toda essa caminhada, ficou para mim a aprendizagem de que uma mudança precisa ser sustentada e apoiada, respeitando todos os seres humanos envolvidos, suas expectativas e anseios e, acima de tudo, valorizando o ser humano como agente de mudança. O maior ganho foi o fortalecimento de ideais na área de educação e a confiança de que a gestão de mudança contribuiu para a garantia de resultados e o fortalecimento de relações. Isso tudo acendeu valores que as crianças certamente levarão para a vida adulta.

Como fica claro pelo relato de Rosemeire, gestão de mudança não funciona apenas nas empresas. Ela extrapola esse âmbito e também auxilia muito quando aplicada ao setor educacional. Aqui nada aconteceu de mágico, nada de extraordinário, apenas uma pessoa disposta a perceber o ambiente e ser facilitadora da transformação desejada. Para intervir de maneira eficaz, Rosemeire se utilizou de métodos, conceitos, e ferramentas. Mas algo maior deu ao seu trabalho um grande valor: tocar os corações. Quando se age com esse próposito, tudo de fato começa a mudar. Novos movimentos individuais e coletivos pouco a pouco vão se estabelecendo. Essa é a melhor maneira de cuidar da transição[20]. Gestão de mudança é uma grande oportunidade para despertar seres humanos.

Independentemente do porte e da atividade da organização atendida, além de ouvir muito, a missão inicial do GM é descobrir quais líderes são potenciais apoiadores, quais não o são. É comum o desejo de que o GM assuma totalmente para si a tarefa de envolver, mas se trata aqui de um trabalho conjunto, no qual ele entra como um simples catalisador.

---

20. O livro *Alguém me tocou*, escrito por José Carlos De Lucca (juiz de direito e palestrante sobre o tema desenvolvimento do potencial espiritual), me foi particularmente inspirador no esclarecimento desse ponto. Foi publicado em 2002 pela Editora Intelitera.

Especialmente em organizações grandes, nos primeiros estágios do processo, os próprios decisores também não têm muita clareza sobre o que é para mudar, e nem sabem como as decisões efetivamente irão impactar cada pessoa. As imagens ainda estão sendo formadas. Perguntas específicas ajudam a melhorar o entendimento, tanto por parte dos colaboradores quanto pelo próprio GM:

- O que está mudando?
- Do que preciso me despedir?
- O que será diferente devido à mudança?
- Quem irá perder o quê?
- Temos alguém preparado para apoiar o caminho da mudança?

Essas perguntas trazem os elementos necessários para distinguir as primeiras imagens. Criam um clima de escuta, de empatia. As respostas trazem segurança às pessoas, pois desarmam eventuais oposições, além de gerar informações que podem ser absolutamente novas.

3.1 O arquétipo da condução da mudança e da transição – cinco fases

No Capítulo 1 comecei a formar a imagem da importância, para o GM, de compreender a visão sistêmica que seu trabalho contempla. É a partir dessa visão que ele pode conduzir de forma mais estruturada o caminho da mudança e da transição. Sem ela, o GM corre o risco de ser visto como "abraçador de árvore"ou alguém que não apoia de fato os resultados organizacionais, tomando como referência as necessidades dos indivíduos em cada nova iniciativa.

Estou batizando todo esse trajeto de *visão arquetípica do caminho da mudança*, que é composto pelas cinco fases do processo (dimensão técnica) – planejamento, desenho da solução, construção da solução, implementação e operação –, pelas fases da mudança (dimensão humana) – contato, entendimento, crença, comprometimento, sustentação – e seus respectivos resultados quando essas duas dimensões são trabalhadas de forma integrada.

A tradução dessa visão arquitípica só foi possível pela imensa contribuição do consultor Henrique Pistilli, cuja capacidade de síntese permitiu a representação simples e concisa do caminho trilhado pelo GM na condução da mudança e da transição.

O GM está a serviço da dimensão técnica da mudança ao mesmo tempo em que conduz atividades específicas para tratar a dimensão humana de cada indivíduo. Para atuar de forma estratégica, é fundamental ele trabalhar em conjunto com o gestor técnico.

A Figura 14 ilustra meus comentários e mostra que existe um ciclo de aprendizado. É crucial a compreensão desse ciclo por parte do GM. São momentos de *contato* com as diretrizes e ações da mudança, observada com novas lentes. Na sequência, é solicitado o *entendimento* dos objetivos, benefícios e impactos que a mudança trará para as pessoas e para a organização, a partir do ouvir de preocupações e recomendações sobre como envolver as pessoas nas melhorias do processo de trabalho. Em seguida, o GM vai adiante com a missão de validar a *confiança* contruindo caminhos que considerem expectativas e necessidades. Finalmente, chega o momento do *comprometimento* em adotar, internalizar e sustentar os novos conhecimentos, atitudes e formas de atuação. Para isso ele entende que está gerenciando processos vivos – cuidar disso passa a ser fundamental. Tendo todo esse caminho trilhado, irá tratar da sustentação da cultura e do surgimento do novo ciclo de aprendizagem.

Sendo assim, na sequência abordo algumas ações que considero importantes em cada uma dessas fases. O gráfico traz uma imagem do caminho de aprendizado como forma de ilustração.

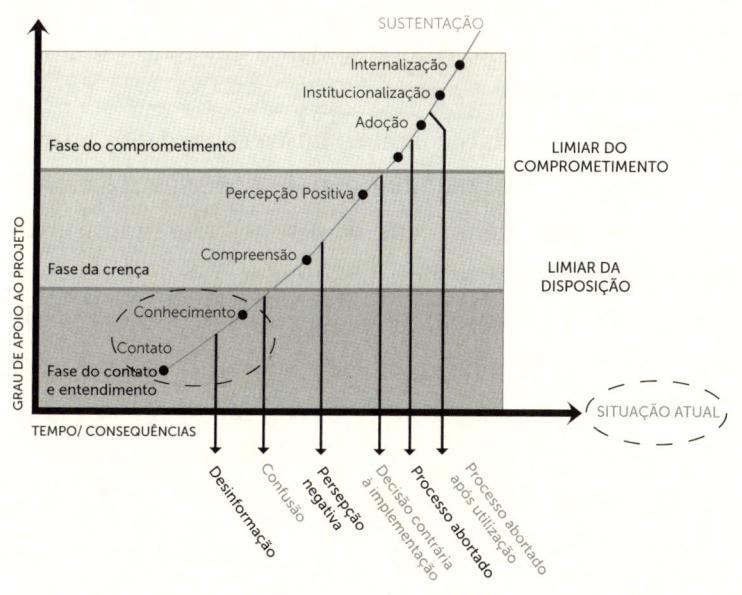

Figura 14 – Ciclo de aprendizado individual e coletivo

Para ampliar essa imagem, trago mais detalhes sobre o que acontece em cada uma das cinco fases do arquétipo da condução da mudança e da transição:

Aprender a olhar – unindo planejamento, contato e estratégia da mudança

Para que a mudança seja implementada de forma eficaz, é essencial que o GM comece a ajudar já na discussão preliminar, no alinhamento e na concepção das ideias que originarão a mudança. Assim, ele saberá o propósito da mudança, de onde surgiu a ideia, quem são seus interlocutores, como estão os cenários externo e interno. Com esse conhecimento todo, ele poderá desenvolver a estratégia de envolvimento e entendimento que permeará toda a organização.

O GM costura seus contatos: busca conhecer os líderes e se inteirar sobre as metodologias, os conceitos, os cronogramas e as ferramentas que os gestores irão utilizar para conduzir as iniciativas, projetos e processos de mudança. Ele precisa estar presente na concepção e no desenho da estratégia. Isso significa conhecer bem os benefícios e as intenções estratégicas, assim como prestar apoio na definição de nomes, papéis e responsabilidades, e ainda na escolha das formas mais adequadas de comunicação. Ao mesmo tempo, deve elencar fatores de sucesso para cada uma das ações quanto ao elemento humano, sempre sujeito a chuvas e trovoadas. Todo esse cuidadoso trabalho inicial tem como intenção promover o engajamento dos principais influenciadores na jornada que se inicia.

Uma pergunta sempre presente nesta fase de ampliação da visão: O que eu preciso compreender para apoiar o desenho da estratégia da mudança? Para respondê-la, o GM trabalha no planejamento técnico com o gestor e se aplica em conhecer o cronograma do projeto – o trabalho começa com esse painel. Da mesma forma, explica ao gestor técnico que ações pensa fazer ao longo do projeto para envolver as pessoas. É uma via de mão dupla. O GM aprende o "tecniquês" e o gestor técnico aprende como apoiar seres humanos.

E para tudo isso dar certo, a chave é garantir que os envolvidos conheçam bem os motivos. Não só no início, como também ao longo de todo o processo, o GM precisa diagnosticar se determinada ação está sob o guarda-chuva estratégico da empresa. Em muitos casos, várias iniciativas são disparadas em pouco tempo. O perigo é a administração não explicar com transparência e simplicidade por que cada uma delas ocorre e, mais que isso, explicar como cada uma delas conversa com as demais, e como irão – todas – sustentar a missão, os valores e a visão de futuro da organização. Cada uma das iniciativas acaba tendo impacto, geralmente, nas mesmas pessoas e, portanto, quanto mais alinhadas e explicadas as razões, mais fértil o terreno ficará para o engajamento. Quando fica clara a importância da ajuda individual, a união se instala naturalmente. A conexão da mudança com as demais iniciativas é melhor percebida e surge o sentimento de que a união faz a força.

É na fase de contato, para ampliar a visão, que o gestor da mudança procura entrevistar os tomadores de decisão, conhecer o contexto todo e principalmente o público que passará pela mudança. A partir dos elementos que ele colher desta fase, ele poderá desenhar com clareza de forma estruturada e sequencial o caminho de envolvimento e comunicação que percorrerá ao longo das próximas etapas.

Aprender a ouvir – ligando o desenho da solução com entendimento e interação com a empresa

Se a fase anterior tiver sido bem concluída, agora o GM inicia o mapeamento contínuo e a interação com os influenciadores. É fundamental que ele entenda quais pessoas, grupos ou áreas serão mais impactados e, desde o início do trabalho, envolva cada um deles em ações específicas de apoio.

O segredo do sucesso é não fixar imagens e muito menos rotular as pessoas, nesta fase de entendimento. O GM começa a tirar pequenas fotos que irão compor o seu mosaico a partir do ouvir de cada indivíduo. As pessoas ainda estão tentando compreender o que está acontecendo e é natural que haja resistências.

Uma vez feito o mapeamento e verificado o clima, o GM imediatamente cuida de orientar as lideranças. Recomenda-se, como conteúdo de preparo: explicação sobre trimembração e quadrimembração; entendimento do comportamento dos grupos que serão afetados; e leitura da fase em que se encontra a organização.

Para saber mais sobre as fases da organização, recomendo um livro de Jair Moggi e Daniel Burkhard chamado *O espírito transformador*[21] – um livro pequeno na espessura, mas grande no conteúdo. Com a visão antroposófica, Moggi e Burkhard descrevem as etapas na vida de uma organização da seguinte forma:

Fase pioneira – O ambiente é informal e familiar. A organização, normalmente de pequeno ou médio porte, é orientada para as pessoas. A gestão é praticamente emocional, nem sempre o pioneiro tem certeza quanto às suas metas. É uma época de aprender e de aceitar riscos. As decisões são tomadas, na maioria, pelo dono da empresa.

O GM que atender a esse tipo de organização precisa cuidar muito do envolvimento das pessoas nas ideias e ações e, principalmente, no estabelecimento de acordos com o pioneiro para que franquee a tomada de decisão também para outras pessoas. É fundamental ele ouvir bastante o "dono" da organização.

Fase diferenciada – Após um tempo, a empresa cresce e a gestão torna-se mais complexa, racional e científica.

---

21. MOGGI, Jair; BURKHARD, Daniel. *O espírito transformador – A essência das mudanças organizacionais no século XXI*. 4ª edição, Editora Antroposófica, São Paulo, 2005.

Agora surge a necessidade de dividir e delegar tarefas. É uma fase na qual o pioneiro já não toma todas as decisões e as necessidades dos clientes ficam em segundo plano, pois o importante nesta etapa é alcançar metas e volume de vendas.

Para o GM que encontra uma organização nesses moldes, o desafio é lidar com a transparência e possíveis conflitos políticos. Ele pode pegar uma carona na onda do crescimento e atrair influenciadores importantes. O cuidado é fazê-los entender que mais do que buscar resultados, precisam tocar os corações. É fundamental ouvir bastante os líderes de cada área.

Fase integrada – Já na fase integrada, o ambiente caracteriza-se por uma gestão orgânica, em que as necessidades dos clientes são levadas em conta e grandes acordos internos são construídos em nome do trabalho em equipe. As relações são transparentes e a questão política não é tão presente, pois os resultados levam em conta o bem comum. As metas são compartilhadas e a cultura valoriza as pessoas.

Encontrar uma empresa nesta fase é o sonho de consumo do GM que, mesmo assim, precisará trabalhar o querer e o comprometimento das pessoas que tenham a tendência a sonhar além da conta. É fundamental ouvir bastante os formadores de opinião da organização.

Fase associativa – A empresa tem consciência de seu trabalho em equipe, da construção de relações saudáveis, criação de parcerias estratégicas para atuação no bem comum e proteção ao ambiente. Entende sua responsabilidade ao integrar o macroambiente. Percebe que está a serviço de algo maior.

O GM se embala nessa conscientização e percebe a grande oportunidade de realizar uma gestão da mudança e transição com sustentabilidade. Isso é muito bom! É fundamental ouvir bastante a rede de pessoas, clientes, fornecedores que a organização sustenta.

Além do conhecimento das fases de desenvolvimento de uma empresa, algumas ferramentas conceituais e metodológicas simples podem ser utilizadas: orientação sobre como conduzir uma discussão em grupo e montar uma reunião, técnicas de CNV – comunicação não violenta[22], informações sobre planejamento e administração de conflitos.

Com esses procedimentos, o trabalho do GM ganha solidez e conquista aliados cônscios do desafio a encarar. Ter gestores ouvidos e com compreensão de todo o trabalho, entendendo os objetivos da mudança, com clareza sobre seu papel e devidamente preparados é, neste momento, um marco para o GM, que pode com certeza saborear um pouco da vitória alcançada.

---

22. *Comunicação não violenta – Técnicas para aprimorar relacionamentos pessoais e profissionais.* Marshall B. Rosemberg. Editora Ágora, 2006.

Ainda levando em conta essa importante fase do ouvir, afere-se se é positiva a percepção da mudança e de seus resultados. Perguntas simples geram feedback sincero: O que você acha dessa iniciativa? Você está confortável com essa iniciativa? Há algum ponto ainda obscuro para você? Você sabe como se preparar? Como você quer apoiar este momento?

Não é bom deixar dúvidas para trás. Se necessário, o GM poderá provocar novos encontros para mais checagens. A conscientização, ou sensibilização, deve ser garantida em todas as fases antes, durante e depois de qualquer movimento mais drástico na direção da mudança. Quando o GM promove esse espaço, mostra que os colaboradores estão sendo ouvidos e cuidados. Sentindo-se pertencentes, eles realmente assumem compromissos.

Novas habilidades e novas atitudes são exigidas e é necessário ver quem precisa conhecer o quê; quem precisa ter habilidade em quê; quem precisa ter novas atitudes e quais são elas. Compreendendo o cenário todo, haverá melhores condições para concretizar o planejado.

É nesta hora que o GM procura mostrar aos impactados a que se propõe a mudança e quanto o papel de cada um é importante para o sucesso da caminhada. Entrar em contato ao máximo com as necessidades e expectativas da lideraça ajuda muito a formação de uma rede que poderá apoiar o GM no esclarecimento de dúvidas, eliminação de preocupações e de possíveis medos. Junto com a liderança estratégica e tática, ele desenha a estratégia e o plano de mudança. É uma fase de total engajamento com tudo que será trabalhado.

Uma pergunta sempre presente nesta fase de aprender a ouvir é: Como escolher meus parceiros de jornada?

Aprender a interagir – juntando construção da solução, crença, mudanças e impactos

É nesta etapa que o GM passa a ter informações mais concretas a respeito da mudança a ser implementada e assim começa o seu caminho para que a interação das pessoas com a mudança seja eficaz e saudável. Constrói-se a solução trabalhando a crença no processo. Já foram bastante aprofundados pela equipe do projeto os métodos e conceitos, as ferramentas e as soluções a serem aplicadas. O pacote com as informações mais consistentes já está quase pronto. Para tanto, foi necessário alinhar expectativas, montar fóruns de discussão. Formatos específicos de comunicação e mecanismos para iniciar a reeducação e o engajamento de todos são fatores-chave de sucesso. Toda essa empreitada não poderá ser colocada adiante sem o cuidado do GM em contatar os influenciadores que vêm mergulhando aos poucos na situação nova.

A pergunta nesta fase de aprender a interagir ainda é: Como desapegar para co-construir sem perder a essência?

Não existe GM que consiga as respostas sem a colaboração de multiplicadores e líderes dispostos a apoiar não só a mudança como também a transição, pois, relembrando, as organizações são fontes vivas de relações e as pessoas é que multiplicam e sustentam o novo. O GM identifica o posicionamento (grau de impacto e influência) de cada influenciador mapeado frente aos objetivos da mudança. Além disso, direciona o tratamento de questões, preocupações e recomendações identificadas na interação com os colaboradores.

Continua o trabalho constante de envolvimento dos influenciadores, desta vez com foco nos detalhes da solução. É necessário discutir exaustivamente os objetivos de curto prazo, o plano de treinamento, a preparação dos multiplicadores. Enquanto o GM inicia o desenho da estratégia de capacitação das pessoas, pensa em possíveis fóruns de comunicação e alinha as expectativas. Os líderes, se bem orientados na fase anterior, estão agora a todo vapor preparando suas equipes para acolher o novo.

Como se sabe, toda mudança tem origem em uma ideia, um sonho ou um desejo da alta direção ou de algum formador de opinião. O sonho é o início da jornada. Ao longo do caminho, é bom saber se nos momentos críticos essa ideia ainda conta com o suporte dos decisores e formadores de opinião. Muitas novas iniciativas, projetos, ações e atividades ocorrem concomitantemente a um processo de mudança. Para evitar surpresas, o GM, antes de avançar muito, examina o contexto para ver se há risco de seu patrocinador perder força por alguma razão. Às vezes acontece de surgir na alta direção uma nova iniciativa, alheia à mudança, patrocinada por alguém com muito poder político na organização. Essa iniciativa, então, encampa as atenções e os recursos, e automaticamente enfraquece o processo de mudança.

Ocorrências desse tipo são raras nas empresas mais organizadas, mas nada garante que o patrocínio será o mesmo do início ao fim. Recomenda-se manter os olhos bem abertos, portanto, para se antecipar e mitigar a tempo as descrenças, caso ocorram desencontros não esperados, como demora injustificada de alguns procedimentos e outros sintomas suspeitos. O enfraquecimento da crença pode ocorrer em qualquer nível hierárquico, não apenas na alta direção. Há que se ficar atento.

É nesta fase do aprender a interagir que o GM precisa compreender, com sensibilidade, como trazer para o barco cada colaborador relacionado com a mudança. São pessoas e situações bastante diversas a atrair. Já presenciei vários casos de boicote pelo simples fato de uma pessoa não ter sido convidada para aderir à iniciativa. Os esforços são inúmeros para embarcar as pessoas e dar responsabilidades e papéis claros. Dessa forma todos se sentem pertencentes e naturalmente a crença surge por estarem participando. Mostrar o que realmente vai mudar ajuda muito no engajamento de todos.

Aprender a gerir – unindo implementação, comprometimento e sensibilização

Já quase chegando o momento de implementação, o GM cuida de criar um ambiente de troca de informações, implementação de ideias etc. Quase um QG é montado para preparar o momento tão esperado da implantação.

Surge agora a preocupação com a continuidade da equipe do projeto. Será preciso desmobilizar os esforços que orientaram o trajeto até chegar aqui. As grandes perguntas que o GM fomenta nesse momento são: Estamos prontos para a mudança? Como sustentaremos a mudança? Como continuaremos o desenvolvimento das pessoas que investiram sua energia para estarmos aqui agora? E além dessas perguntas, há uma que é chave nesta fase de aprender a gerir: Com quem posso contar para disseminar a mudança?

Não podemos perder essas pessoas que pouco a pouco foram passando pelos aprendizados que as tornaram agentes da mudança. Membros da equipe do projeto, líderes das áreas e alguns parceiros externos, no desenrolar dos trabalhos, passaram a conhecer muito bem a cultura, os processos, as pessoas e o jeito de ser da empresa. Tais elementos são alvos destacados em seus mercados de trabalho. Fica a questão de decidir em que ponto abrir mão dessas importantes contribuições.

Este também é o momento de comunicar aos clientes, fornecedores e parceiros o que está ocorrendo. Equipes de suporte são formadas, mais líderes vêm auxiliar e tudo é feito para favorecer a transparência, a confiança e o protagonismo.

Além disso, uma importante fonte de informação passa a ser o plano de ação oriundo do mapeamento de mudanças e impactos, que diz claramente o que precisa ser feito, por quem e quando, com base no estudo da situação atual e da situação futura.

Outra fonte é o plano de *cut over*, uma checagem geral em todos os detalhes, incluindo datas e prazos. Normalmente esse plano é feito a várias mãos – gerente do projeto, formadores de opinião e decisores – e tem as diretrizes que sustentarão procedimentos, normas, contratações, prazos, relatórios, comunicados (para clientes, funcionários, fornecedores e outros atingidos).

O medo é um dos grandes vilões que abatem o comprometimento dos colaboradores. E para ele não há melhor antídoto do que colocar a mão na massa. Exercitar, exercitar e exercitar passa a ser o mantra nessa hora. Cabe ao GM definir que tipo de exercício determinado indivíduo precisa fazer para se tornar seguro na nova habilidade ou nova atitude. A esta altura, a pressão já é grande. Por outro lado, em geral já se criou um ambiente de ajuda e compreensão mútuas. Isso ajuda a aplacar no colaborador o medo de errar e, principalmente, de ser cobrado além do que pode dar.

Uma vez garantido que os indivíduos estejam preparados, chega a hora de descobrir se a organização está preparada. A *prontidão* pode ser verificada pela atitude de boa vontade e diligência. Mas é fácil de avaliar? Não, nem sempre. Por enquanto, vejamos alguns fatores que sinalizam falta de prontidão:

- Baixa prioridade na agenda executiva e confusão quanto aos propósitos da mudança;
- Perda do patrocínio e do engajamento de líderes; percepção negativa da mudança e de seus resultados, com perdas maiores do que os benefícios para os indivíduos;
- Resistências generalizadas, abertas ou veladas, com baixo comprometimento e até boicotes;
- Deterioração do clima organizacional;
- Não desenvolvimento das competências individuais necessárias;
- Confusão nas atribuições e nas responsabilidades;
- Paralisação das atividades e retrabalho;
- Informações tardias, cheias de erros, sistemas que não funcionam;
- Ambiente físico inadequado.

No momento em que a mudança está para ser implementada, o GM verifica se as perdas e os ganhos estão bem compreendidos. Faz uma avaliação quantitativa e qualitativa para aferir o grau de presença com que os colaboradores irão se despedir do velho para a entrada do novo. Ele age também com o objetivo de angariar formadores de opinião.

Aprender a autogerir e renovar – conciliando operação, sustentação e avaliação

A preocupação aqui é verificar os ajustes a serem feitos, a partir da avaliação dos resultados. São partes integrantes desta fase os planos de sustentação de resultados, assim como a medição de indicadores.

Os líderes e multiplicadores continuam auxiliando muito neste momento de efetiva operação das mudanças. É fundamental cuidar do eventual desânimo daqueles que trabalharam duro para chegar até o momento da implementação. Eles podem não estar mais dispostos a assumir as suas atividades rotineiras e são muito assediados pelo mercado, como apontei no item anterior. O GM, para evitar problemas, trabalha atentamente no plano de desmobilização junto aos líderes para que haja acordos, expectativas e capacidades alinhadas a partir do bem comum.

Esta fase estimula a qualidade de todas as outras. Desde a primeira fase de aprender a olhar, as ações ocorrem para garantir que a mudança se sustente quando terminar o período de apoio do GM, cuja ação visa, pois, a preparar a organização para dar lastro ao novo modelo. Como atua profundamente na transição dos indivíduos, um GM promove neles uma prontidão para mudar sempre que necessário.

No limite, ele prepara a organização e seus colaboradores para constituírem uma empresa que aprende, ou seja, uma *learning organization,* ideia defendida há décadas pelo conhecido consultor e professor do MIT Peter Senge.

É na fase de sustentação que o GM ajuda a construção das frentes que apoiarão a capacitação de novas pessoas. Também ajuda a cuidar da manutenção dos novos procedimentos e de tudo que for necessário para que o novo se sustente ao longo do tempo. Sem investimento de esforços nesta etapa, todo o esforço poderá ser perdido.

Uma pergunta sempre presente nesta fase de aprender a autogerir e renovar é: Como manter as mudanças e dar o próximo salto?

O ARQUÉTIPO DA CONDUÇÃO DA MUDANÇA E DA TRANSIÇÃO

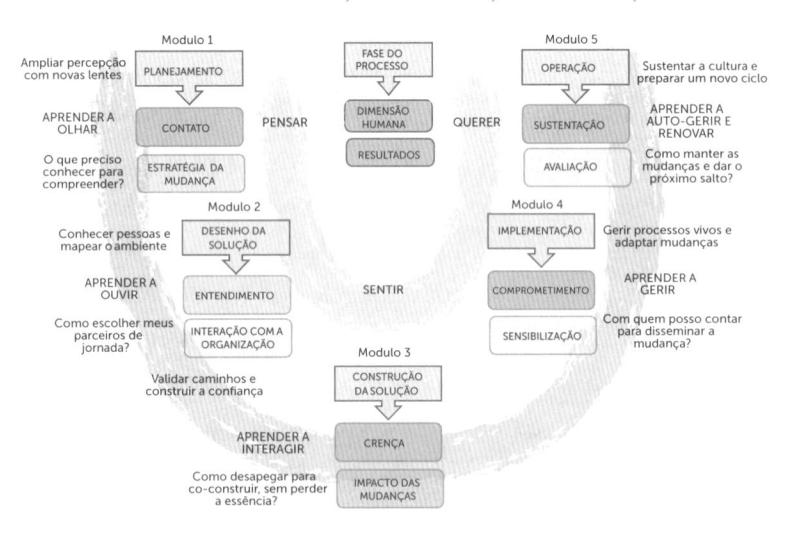

Fonte: Programa de Formação em Gestão da Mudança

Figura 15 – Entrelaçamento das fases do processo com as fases da mudança e da transição

Mais importante do que saber é nunca perder a capacidade de aprender – isso vale particularmente para quem orienta processos de transição. Uma frase de um grande educador do passado pode orientar as ações do GM: o coração inspira, o cérebro pensa e as mãos realizam (Pestalozzi[23]).

Julgo que o mundo precise de um modelo que respeite o arquétipo do ser humano, dos grupos e das organizações e responda à transição vivida internamente em cada indivíduo, em seus aspectos mais sutis. Foi pensando assim que este modelo foi criado. Ele serve de referência para todos os meus atendimentos em consultoria e *mentoring* em gestão da mudança e sustenta atualmente o Programa de Formação em Gestão da Mudança.

Antes de prosseguir, permita-me fazer um lembrete: todo o plano também pode cair por terra se "um pequeno detalhe" não for atendido. É decisão política da alta administração e do patrocinador do projeto garantir a verba destinada à gestão de mudança. É uma questão dita higiênica, mas de extrema importância, conscientizar os responsáveis de que investir nas pessoas engajadas na mudança é aumentar a garantia de sucesso. Sem verba, assim como sem planejamento feito a tempo, a atuação do GM fica comprometida. Muitas vezes é o consultor externo quem precisa explicar o porquê de tal investimento.

---

23. Johann Heinrich Pestalozzi (1746 - 1827), educador suíço.

3.2 Os componentes específicos da gestão de mudança

A visão arquetípica da condução da gestão da mudança e da transição abre um claro caminho, no qual os componentes que mencionarei agora exercem papel de apoio em cada uma das fases citadas anteriormente. Os principais deles são: diagnóstico cultural, gestão de equipe, comunicação, gestão de influenciadores, mudanças e impactos, treinamento e sensibilização. Esses componentes são necessários, em maior ou menor grau, em todas as fases (contato, entendimento, crença, comprometimento, sustentação).

A Figura 16 ilustra esses componentes ocorrendo durante as fases que mencionamos ao longo deste capítulo:

Fonte: Programa de Formação em Gestão da Mudança

Figura 16 – Os componentes da gestão da mudança e as fases da mudança

Diagnóstico cultural

O primeiro passo a ser dado para um bom diagnóstico cultural é identificar líderes, influenciadores e formadores de opinião. Depois disso, são feitas entrevistas individuais para nivelamento de expectativas, preocupações, dúvidas, recomendações e compreensão do ambiente e dos riscos, considerando as áreas da organização que serão afetadas.

Em seguida, nova rodada de entrevistas individuais, desta vez com os componentes da equipe do projeto para entendimento das diversas culturas ali representadas. Com esses passos, o GM tem material suficiente para compartilhar com as instâncias estratégica, tática e operacional do projeto a primeira imagem que se forma sobre o possível impacto da mudança no contexto organizacional.

Os resultados das entrevistas e do compartilhamento dará material para o GM conhecer as diferentes percepções que os envolvidos têm sobre a cultura daquela organização. Ele levantará também o que pensa a equipe do projeto e poderá, então, elaborar com todos a estratégia e o plano de comunicação.

Gestão de equipe

O ponto de partida é a definição do patrocinador, dos comitês e da gerência operacional do projeto. Prepara-se um documento com as principais diretrizes estratégicas do projeto (objetivos, escopo, premissas, produtos esperados, cuidados e organização das relações). Esse documento será a base para que todos os tomadores de decisão estejam em sintonia quanto a: o que, como, quando e para quem comunicar.

Faz-se, então, o detalhamento de papéis e responsabilidades dentro da equipe, com a formação e integração necessárias ao alinhamento de métodos de trabalho, regras, atitudes e atividades.

Com isso tudo, podem-se planejar os mecanismos de relacionamento. Enriquecerão essas tarefas, mais adiante, uma avaliação da performance da equipe e a preparação das lideranças executivas das áreas impactadas.

Por vezes, quatro ou cinco sessões de coaching com a liderança da equipe do projeto ajudam muito a reforçar seus papéis e minimizar eventuais sentimentos de insegurança, naturais diante da pressão que o projeto ocasionará.

Comunicação

É essencial fazer-se o alinhamento dos objetivos do projeto ao portfólio de iniciativas e à estratégia da organização, sem o que nada de concreto irá acontecer. Para isso, são dados os seguintes passos: definição da estratégia e do plano de comunicação; ajuste do plano de comunicação junto às áreas da empresa e à equipe do projeto; compartilhamento dos mecanismos e momentos de interação da equipe do projeto com a empresa, e dos membros da equipe entre si.

O resultado de todas essas ações é o entendimento das novas responsabilidades e competências por parte da equipe do projeto, de um lado, e das áreas da empresa, de outro.

Aí, sim, parte-se para a divulgação das principais mudanças e ações necessárias.

Fazem parte ainda do elemento *comunicação* garantir apoio, sensibilização e entendimento aos profissionais que serão os influenciadores, pois eles estarão junto ao público impactado, ouvindo-o e sensibilizando-o.

Como dica, é muito saudável o uso de componentes lúdicos na comunicação. Ele ajuda na descontração e também na memorização das informações mais importantes. Também apoia a liderança a fazer os comunicados mais técnicos de forma diferenciada.

Gestão de influenciadores

A identificação dos principais influenciadores, participantes ou não do projeto ou mesmo da organização, encerra uma maneira organizada de envolvimento e tem como objetivo gerar compreensão mútua, respeito e cuidado com a construção de um caminho de confiança.

Também são identificados os possíveis *padrinhos* para cuidar de cada influenciador. É, então, desenhada uma matriz com a posição atualizada dos influenciadores. Estabelecem-se os contatos, com a intermediação dos padrinhos.

O compartilhamento é contínuo entre os influenciadores e a gerência do projeto.

Normalmente, há três tipos de influenciador: o estratégico, o tático e o operacional. O primeiro, participante da alta gestão da empresa, tem foco na decisão. É pessoa com autoridade para decidir e capacidade de analisar os efeitos positivos e os negativos de uma dada iniciativa. Faz direcionamento estratégico e identifica indicadores de desempenho.

O influenciador tático tem foco na responsabilidade. É um componente do nível gerencial, e as mudanças o afetam diretamente. Esse indivíduo, responsável por sustentar o estado futuro da organização, precisa realmente acreditar na mudança, rever seus modelos mentais e efetivamente concretizá-la.

O influenciador operacional, por sua vez, participa do processo em discussões internas, comitês, projetos específicos e no intercâmbio das informações de sua área com a equipe do projeto. É também um disseminador de conceitos e metodologias aos demais níveis.

É importante que a divulgação do mapeamento e do envolvimento de influenciadores seja feita para toda a equipe do projeto. A gestão de mudança deve criar um modelo único de divulgação e acompanhamento para haver compartilhamento contínuo.

Mudanças e impactos

O modelo a ser implementado é estudado em seus desenhos atual e futuro. Avaliam-se as possíveis brechas nas atividades e processos pertinentes à transição do modelo velho para o novo. Forma-se um grupo de trabalho específico, geralmente composto por representantes de áreas que conheçam profundamente os detalhes do trabalho, para o levantamento das principais mudanças e impactos. São planejadas as interações junto às áreas para que as principais mudanças e seus impactos sejam suficientemente discutidos e encontradas as soluções.

Às vezes uma nova atividade é interpretada de forma diferente pelos indivíduos. Mas é importante que todos tenham a mesma imagem do que realmente está sendo mudado. A partir de então, os impactos podem ser melhor visualizados. Após todos esses encontros, é gerado um plano de ação estabelecendo responsáveis e prazos.

É designado um guardião (que não seja o próprio GM, bastante atarefado nesse momento no preparo a fase seguinte) para envolver e acompanhar os responsáveis pelas diversas ações e ver que os prazos sejam respeitados. Normalmente é um indivíduo experiente de RH, profundo conhecedor da estrutura organizacional, das funções, métodos e tarefas, que possa aferir se as ações estão de acordo com os procedimentos necessários. Isso é importante para manter a chama acesa.

Sensibilização e treinamento

Agora, com as pessoas que passarão pela mudança e a equipe de coordenação mais seguras e harmonizadas, compreendendo o que mudará e o que precisará ser feito, pode-se partir para desenhar a estratégia de treinamento. São preparados os conteúdos e as ferramentas, são mapeados os participantes e elaborada uma grade de ações e seus responsáveis. Cuida-se, em seguida, da capacitação dos instrutores e do planejamento da infraestrutura necessária. Colocam-se em prática a comunicação e a sensibilização, com o apoio de uma equipe específica, e os resultados são avaliados. Normalmente o GM se vale de empresas terceirizadas que trabalham de forma lúdica, promovendo esquetes e outras maneiras de sensibilizar o futuro participante do treinamento a comparecer efetivamente e levar o aprendizado a sério.

Os momentos que antecedem a implementação exigem muito cuidado. Em primeiro lugar, garante-se a prontidão de quem vai participar do *cut over* – o plano de produção, preparatório da implantação. Isso significa limpar o caminho de todas as dúvidas e desconfianças. Dois movimentos corpo a corpo trazem essa garantia. O primeiro é um workshop para levantamento das dúvidas e preocupações, associado a informações sobre como serão as coisas no momento da implementação. São aclaradas questões como: comunicação para clientes e fornecedores, eventual prorrogação de faturamentos, mudanças nos horários de trabalho e – um fato gerador de ansiedades – se haverá demissões. Essas questões geralmente antecedem a capacitação das pessoas. São as primeiras informações a serem passadas antes de qualquer outra ação técnica mais específica.

O segundo movimento, depois que as pessoas terminarem suas capacitações técnicas, é um workshop para colher informações e recolher recomendações vindas dos participantes, pois nessa hora todos já estão bastante cientes da profundidade da mudança e estão capacitados no novo tema. Essa é uma grande oportunidade para o GM e sua equipe assimilarem lições a incorporar às ações seguintes.

Os planos de contingência poderão ser traçados, sempre olhando para a quadrimembração. (Lembra-se da quadrimembração, apresentada no Capítulo 1?). Algumas perguntas orientam as avaliações: Temos algo a fazer a respeito da identidade empresa? Temos algo a fazer sobre os papéis das pessoas? Algo a fazer sobre procedimentos e processos? Algo a fazer sobre recursos, equipamentos, pessoas?

A par disso, o ser que recebe o baque de uma mudança tem três aspectos que estão sempre juntos e em constante diálogo. No momento em que, no nível do pensar, as dúvidas são eliminadas, no sentir, as desconfianças são aclaradas e, no querer, as capacidades são estimuladas, o GM passa a trabalhar de forma sustentável a gestão da mudança e, principalmente, a gestão da transição. Mesmo agindo para atender aos três aspectos, podem surgir resistências.

Mas sempre dá para perceber que tipo de resistência se tem à frente e então tratá-la da maneira adequada. Falo aqui sobre lidar com pessoas que pensam, sentem e querem coisas completamente diferentes. Para esse tipo de entrave, é bom poder contar com uma equipe fortalecida na arte e na educação – atividades artísticas e educacionais focadas são ferramentas inestimáveis para derreter o gelo. Além disso, a análise dos impactos feita previamente também dará melhor preparo aos gestores.

Retomo aqui outra ilustração, Figura 17, apresentada no primeiro capítulo, agora também ampliada.

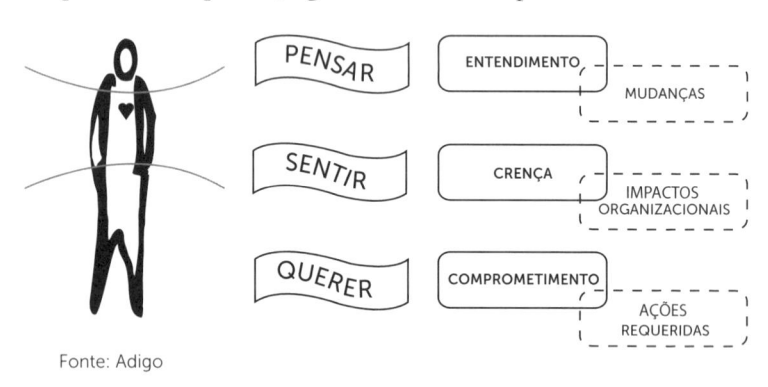

Fonte: Adigo

Figura 17 – Ser humano trimembrado é o alvo da sensibilização e do treinamento

3.3 Multiplicadores – um apoio essencial

Os multiplicadores são encarregados de elaborar materiais e divulgar informações sobre os novos conteúdos e procedimentos. São responsáveis por estruturar os exercícios para o treinamento operacional na nova maneira de trabalhar (quando a mudança implicar nova ferramenta, conceito ou atitudes), ampliar o aprendizado e minimizar resistências. Eles dão os treinamentos em conjunto com o instrutor técnico, quando é o caso, dão suporte pós-treinamento, e preparam novos multiplicadores.

O perfil ideal de um multiplicador contempla:
- Visão sistêmica para compreender a estratégia da organização e ligar com a nova iniciativa a ser implementada;
- Visão processual para entender os procedimentos atinentes às diferentes pessoas e áreas, assim como os detalhes operacionais atendidos na capacitação;
- Facilidade com informática para poder explorar visualmente os detalhes das informações e os exercícios a serem transmitidos aos treinandos;
- Facilidade de comunicação (escrita e falada) para, em conjunto com os instrutores, apoiar a elaboração dos materiais de treinamento e levar, de forma atraente, as informações aos demais participantes;
- Reconhecimento e respeito pelos participantes para facilitar o relacionamento na sala de aula.

Um dos principais desafios é prepará-los para atuar como agentes de mudança e da transição. Para complicar, eles necessitam assimilar em prazo curto os novos processos, procedimentos, estrutura ou ferramentas. Têm de adquirir segurança e conhecimentos junto aos instrutores e junto à equipe do projeto, para em seguida transmitir aos demais. Conciliar o tempo do cronograma do projeto com as demais atividades das áreas é outro desafio para os multiplicadores.

Como se vê, especialmente nas grandes organizações, os multiplicadores são elementos importantíssimos para que as coisas funcionem realmente, e não fiquem apenas em boas ideias e lindas discussões. A dica aqui é não cair na armadilha em utilizá-los em atividades que a própria equipe do projeto não conseguiu fazer por atraso e acúmulo de atividade. Isso acarretaria muita pressão para ambos e o resultado normalmente não é bom.

3.4 Escopo de atuação da gestão de mudança

Ao falar sobre o objetivo da gestão de mudança, nos referimos ao cumprimento de todas as fases. Em paralelo a tal objetivo, o GM encontra diferentes escopos, segundo a fase em que esteja a iniciativa, o projeto ou o programa.

Na pré-implementação, a proposta é saber o que de fato vai mudar, como a mudança afetará as pessoas, que desafios virão, que estratégia precisará ser desenhada antes de se iniciar o projeto. Já na fase da implementação, a gestão de mudança passa a exercer seu papel de administradora dos processos e dos elementos específicos como contato, entendimento, crença. A preocupação é agora com os detalhes das atividades: decidir e executar ações de comunicação, cuidar de *stakeholders*, diagnóstico, impactos, capacitação.

Por fim, na pós-implementação, o GM coloca foco na sustentação dos conhecimentos adquiridos pelos colaboradores. O escopo, então, é manter saudável o ambiente e não se desconectar daquelas pessoas que passaram muito tempo na zona de tensão, algumas em verdadeiro pânico, para que não voltem às suas zonas de conforto. O risco nesta fase é perder pessoas para outras empresas ou para situações que ofereçam ainda mais desafios.

O escopo de atuação da gestão de mudança, pois, mira em resultados específicos a cada um dos períodos – pré-implementação, implementação e pós-implementação. A pré-implementação envolve a aceitação, a segunda tem a ver com *maximização* dos recursos disponíveis (recursos humanos, políticos, materiais) e a última, mas não menos importante, busca a *sustentação* das mudanças obtidas.

Gerir mudança é criar condições para que cada um desses períodos aconteça plenamente. São muitos os casos de mudança conseguida, porém não assimilada à cultura da empresa, ou seja, abortada. O leitor certamente poderá se lembrar, em seu histórico pessoal ou profissional, de alguma mudança apenas tentada, ou apenas obtida, que depois sumiu sem deixar lembranças.

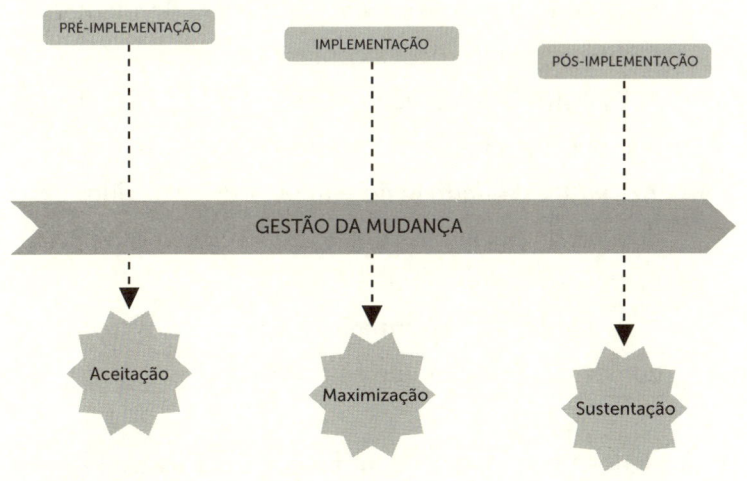

Fonte: Programa de Formação em Gestão da Mudança

Figura 18 – Escopo de atuação da gestão da mudança

3.5 A comunicação e o comprometimento dos indivíduos

A comunicação cumpre um grande papel nos momentos de mudança, por isso deve ser tratada com cuidado especial. É necessário informar de maneira gradativa, sequencial e integrada. Os colaboradores precisam saber, antecipadamente, quais as iniciativas planejadas. Querem ser informados sobre o desenrolar dos acontecimentos e necessitam ser ouvidos.

A comunicação acompanha todas as fases da mudança, fazendo as pontes que permitam a passagem para o novo modelo. São elas:

- *A ponte da identificação* – criação de identidade na busca de resoluções conjuntas;
- *A ponte da motivação* – investimento nas relações pessoais para facilitar a aceitação da mudança;
- *A ponte da dedicação* – apoio dos envolvidos à validação de novos processos, concretizado na participação nos treinamentos;
- *A ponte da segurança* – calcada nos recursos, construída por meio de compreensão.

A Figura 19 representa com propriedade essas pontes e como a comunicação reforça cada uma delas.

| VÍNCULOS | PESSOAS | VÍNCULOS | ORGANIZAÇÕES |

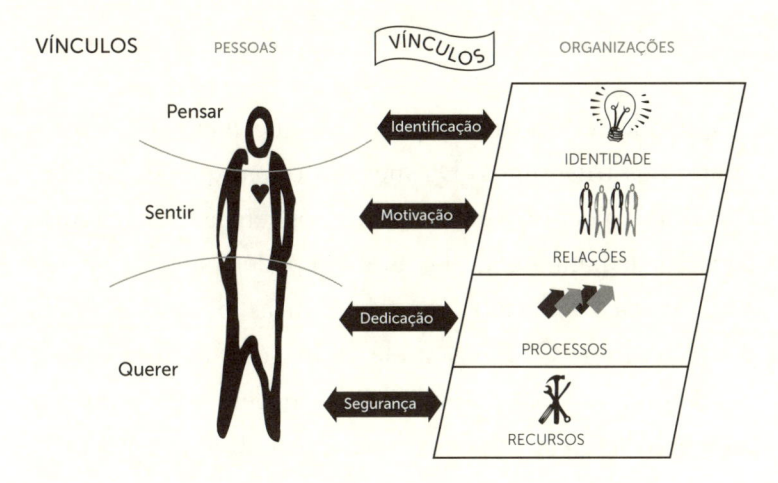

- Pensar — Identificação — IDENTIDADE
- Sentir — Motivação — RELAÇÕES
- Querer — Dedicação — PROCESSOS
- — Segurança — RECURSOS

Fonte: Adigo

Figura 19 – As pontes da comunicação

Por que as pessoas escolhem determinada organização para exercerem as suas profissões? Muitos profissionais escolhem uma empresa pela remuneração e pelas oportunidades que lhe são oferecidas, tendo como vínculo mais forte a *segurança*. Outros profissionais gostam do que fazem e conhecem muito bem as suas atividades, têm como vínculo mais forte a *dedicação*. Outros, ainda, sentem-se bem na organização e gostam do relacionamento com as outras pessoas, têm como vínculo mais forte a *motivação*. E há também os profissionais que conectaram a sua missão e sua história de vida com a missão e a história da companhia, tendo como vínculo mais forte a *identificação*. Com o processo de mudança, os vínculos entre os profissionais e a nova empresa que surge necessitam ser reconstruídos e fortalecidos. O GM que entende essa necessidade e ajuda muito na reconfiguração dos vínculos aqui descritos.

3.6 Alinhamento de expectativas organizacionais

Quando temos uma expectativa que não é levada em conta, nos frustramos. Da mesma forma, quando alguém tem uma expectativa em relação a nós sem avaliar se temos capacidade para atendê-la, também poderá se frustrar.

Costurar os devidos acordos com as pessoas é tarefa permanente do GM. Assim ele promove e vai mapeando o equilíbrio entre expectativas e capacidades. A visão quadrimembrada oferece um bom direcionamento nesse processo.

No quadro abaixo – figura 20, retomo os componentes da gestão de mudança e faço um breve resumo das costuras necessárias em cada um deles.

COMPONENTES	ATUAÇÃO
DIAGNÓSTICO CULTURAL	Levantamento inicial das expectativas e das capacidades com a construção dos acordos.
GESTÃO DE EQUIPE	Entendimento comum das expectativas, entrega das capacidades e cumprimento dos acordos.
GESTÃO DA COMUNICAÇÃO	Disseminação de informação precisa no momento adequado para evitar surpresas.
GESTÃO DE INFLUENCIADORES	Atualização contínua das expectativas e capacidades com ajustes negociados dos acordos.
MUDANÇAS E IMPACTOS	Alinhamento dos acordos com a realidade das expectativas e das capacidades disponíveis e necessárias.
TREINAMENTO E SENSIBILIZAÇÃO	Desenvolvimento e ratificação das capacidades e mitigação de frustrações.

Fonte: Programa de Formação em Gestão da Mudança

Com esses cuidados, é possível minimizar as resistências e abater os fantasmas que rondam, por fora e por dentro, os movimentos de transformação. Esses fantasmas costumam aparecer quando os componentes da gestão de mudança são negligenciados. São estes os perigos:

- *Falta de informação e confusão sobre a mudança* – Aparecem na fase de contato. É normal que as pessoas levem um tempo para entender de fato o que está acontecendo. Fatores subjetivos e imponderáveis sempre podem emperrar os movimentos.
- *Percepção negativa da mudança* – Mesmo vendo o contexto, as pessoas podem não ter o devido entendimento, e com isso não formar uma imagem boa dos acontecimentos.
- *Decisões contrárias à mudança* – Acreditar na mudança exige que as pessoas sejam devidamente envolvidas para evitar recusas, mais ou menos conscientes, por parte de pessoas de qualquer nível hierárquico.
- *Mudança abortada no início da utilização* – Quando falamos de comprometimento, estamos falando de vontade positiva, de passos claros. Infelizmente, nem sempre é isso que se consegue, apesar de todos os esforços.
- *Deterioração da mudança instalada* – Ocorre se não houver revisão dos inter-relacionamentos pessoais e funcionais. Esse fantasma pode pôr a perder todo o aporte financeiro e de esforços investido em uma iniciativa, projeto ou programa.

3.7 Há lugar para coerção e manipulação?

Duas palavras antipáticas costumam surgir antes e durante uma mudança organizacional, senão explicitamente, ao menos na cabeça de alguns gestores.

Quando falamos de resistências e da missão do GM de cuidar delas, falamos em: ser transparente; envolver as pessoas com informações claras para gerar confiança; capacitar e ressaltar as competências para a geração do protagonismo e do comprometimento. As palavras *manipulação* e *coerção* não se caixam nesse contexto.

Há questões éticas e práticas envolvidas. Entre as opções que tenha à sua frente, o GM pode fazer escolhas que sirvam ao bem comum e promovam o desenvolvimento da consciência dos colaboradores. Todos só têm a crescer se passarem comunitariamente pela construção de expectativas, acordos e capacidades. Esse caminho, para os gestores, pode ser o mais difícil num primeiro momento, e exige coragem. Porém abre maiores possibilidades de empenho e comprometimento genuínos.

Trabalhar em contexto de resistência exige força do gestor para falar a verdade, para se conectar profundamente consigo próprio e com as pessoas à volta. Muitas vezes demanda desarmar-se e dizer "Não sei como vai ser. Você me ajuda?". Isso não é demonstrar incapacidade, isso é honestidade. Coagir e manipular, utilizar máscaras, acabam encobrindo o que cada pessoa tem de melhor: seu eu superior.

Quando trabalhamos em nome de poder, dinheiro e outras coisas materiais, nossa intenção fica presa ao interesse próprio e o resultado só pode ser o fracasso, mesmo que aparente o oposto. Há fracasso porque as outras pessoas não têm a liberdade e a criatividade de ser quem verdadeiramente são. Há uma citação bíblica muito clara a esse respeito: *não podemos servir a dois senhores*. Quando isso é feito, o tropeço é grande.

Conduzir uma mudança de maneira transparente cria momentos em que todos abrem seus corações, vinculam-se a partir da motivação, e estão prontos de corpo e alma para a ação. Do contrário, tudo será uma fantasia, como no filme Matrix[24].

Não podemos misturar conceitos. Em momentos de crise extrema, ou mesmo de perigo físico, os líderes de plantão precisam exercer mais o estilo coercitivo. Porém dizer que a coerção pode quebrar uma resistência é a mesma coisa que dizer que respeito caiu de moda. Adam Kahane, em seu livro *O poder e o amor*, diz com toda clareza que se tivermos poder sem amor estamos sendo violentos. E a violência não gera movimento, gera somente paralisia e medo. O contrário também é verdadeiro: amor sem poder fica romântico e mantém as pessoas paradas na zona de conforto.

Estamos na época de liberdade, criatividade, sonhos e ações. Precisamos de líderes que sirvam em nome do bem comum e a palavra de ordem é *confiança*. Trabalhando a

---

24. Filme de ficção científica dirigido por Paul e Lana Wachowski, em que um programa de computador, no futuro, controla a mente das pessoas.

partir dessa premissa conseguiremos minimizar as resistências e atingir nossos objetivos.

Segundo Lex Bos, em seu livro, *Confiança, doação e gratidão*[25], um relacionamento de confiança é um relacionamento de vontade. Quando permanecemos fiéis a um compromisso assumido, entramos em um relacionamento de genuína vontade, por meio dos nossos sentimentos e pensamentos.

Há um paradoxo estimulante a ser enfrentado. Confiança tem a ver com vulnerabilidade, não sabemos como o outro preencherá o espaço que lhe concedemos. Entretanto, são os laços de confiança que mais favorecem o estabelecimento de vínculos fortes e verdadeiros.

---

25. BOS, Lex. *Confiança, doação e gratidão*. Editora Antroposófica, São Paulo, 2010.

CAPÍTULO 4

A SUSTENTAÇÃO CONTÍNUA DO APRENDIZADO

Depoimento – Inclusão de pessoas com deficiência e gestão de mudança

Relato de Márcia Andrade, terapeuta ocupacional e sócia-fundadora da SoCiente Consultoria.

Quando fui convidada a participar do Programa de Formação em Gestão da Mudança, fiquei muito feliz. Tive a sensação de que o Programa poderia contribuir muito para meu desempenho na inclusão de pessoas com deficiência (PCDs, como se costuma denominar).

Durante o Programa, tive a oportunidade de elaborar um projeto aplicativo com o tema Programa Incluir. A proposta era identificar como as ferramentas da gestão de mudança poderiam ser aplicadas em um projeto de inclusão de PCDs. Foi aí que iniciei a descoberta, não apenas de uma metodologia, mas sim de um parceiro importantíssimo, que entrou na minha vida profissional e pessoal. Não há como fazer a formação e continuar olhando o mundo com os mesmos olhos.

A inclusão de PCDs está contemplada na Lei no. 8.213/91, conhecida como a Lei de Cotas. É a lei que obriga empresas com mais de 100 funcionários a contratar pessoas com deficiência. A luta pela concretização das cotas é grande e já acontece há mais de 20 anos.

Quando chego em uma empresa e sou apresentada, os gestores, ao me cumprimentar, muitas vezes dizem: "Prazer, seja bem vinda. Esse trabalho é muito bonito, mas aqui não vejo muitas possibilidades de colocação". Logo na entrada já encontro a famosa resistência à mudança. A pessoa me leva para a sala onde vou aplicar os questionários para avaliar os cargos e depois indicar quais tipos de deficiência têm possibilidade de desenvolver determinadas funções. Os colaboradores vão chegando e o responsável explica para elas qual meu trabalho ali. Não é incomum que eu encontre, mais uma vez, muita resistência. Certa vez, visitando a gerência do setor de mecânica em uma grande corporação, solicitei a um gerente que os colaboradores preenchessem um questionário sobre suas atribuições. Meu passo seguinte seria visitá-los em seus postos de trabalho para verificar as condições para a colocação de PCDs. Sua atitude ficou clara logo no primeiro contato, quando ele disse: "Deixa eu te ajudar: eu respondo os questionários para você, pois aqui não há condições de colocar nenhuma pessoa com deficiência. Ou melhor, você vai dizer quais tipos de deficiência podem atuar, mas eu não vou colocar". Ele entendia que incluir PCD significava expor pessoas ao risco de acidente e alterar a produtividade.

Neste caso, logo na apresentação foi possível identificar que seria necessário trabalhar os seguintes componentes da gestão de mudança: *gestão de influenciadores e comunicação*. O gestor era um influenciador de alto grau, ele poderia representar um grande obstáculo. Havia um consultor interno de RH que apoiava cada gerência nos processos referentes a desenvolvimento e treinamento dos colaboradores. Desenhei com esse consultor uma proposta, na qual tivemos alguns cuidados: encontrar o melhor horário para marcar o preenchimento dos questionários; oferecer informações ao tal gerente sobre os tipos de deficiência incluídos na lei para contratação; e exemplificar quais deficiências seriam indicadas para os cargos sem haver riscos, nem para a produtividade, nem para a pessoa com deficiência.

Era importante, naquele momento, conscientizar o gestor de que as atribuições de muitos cargos podem ser desempenhadas com qualidade e segurança por parte de um PCD. Além disso, ao aceitar a contratação de um colaborador com deficiência, ele estaria contribuindo para: diminuição de gastos da empresa com multas decorrentes do não cumprimento da lei, promoção da diversidade e diminuição de riscos de acidentes – pois a adequação dos espaços para receber uma pessoa com deficiência geralmente torna o local mais seguro para todos. Tal inclusão favorece um bom clima organizacional, melhora a reputação da empresa e mantém a sua licença social para operar (entenda-se por licença social a aprovação que vem da própria sociedade, fundamentada na confiança e na transparência em relação aos impactos do empreendimento, tanto os negativos quanto os positivos).

O dia para aplicar os questionários chegou. O gerente estava tranquilo, demonstrando um pouco menos de resistência. Respondeu aos questionários e depois me levou para conhecer os postos de trabalho e acompanhar a atuação dos colaboradores.

Uma função que mapeei foi a de auxiliar de sala de ferramentas. A pessoa precisava entregar as ferramentas solicitadas pelos funcionários. O trabalho era olhar a ficha com as ferramentas, identificá-las nas prateleiras, entregar ao solicitante e lançar os dados no sistema – trabalho que poderia ser executado por uma pessoa com deficiência auditiva. Fiz a seguinte pergunta para o gerente: "Como é para o senhor ter uma pessoa com deficiência auditiva neste cargo?". Resposta: "Se você conseguir acalmar os colaboradores no horário de pico para retirar as ferramentas, tudo bem. Eles chegam com pressa e podem ficar impacientes com um atendimento lento".

Ele estava preocupado com os impactos da inclusão de PCDs. A partir desse momento, acionei o componente *mudanças e impactos* da gestão de mudança. Ele precisava de respostas a perguntas do tipo: O que realmente vai mudar? A imagem que tenho corresponde à realidade? A pessoa com deficiência auditiva tem dificuldade no ritmo do trabalho? Como é para um colaborador sem deficiência solicitar materiais para uma pessoa com deficiência auditiva? Trabalhamos essas questões e as coisas se aclararam. A empresa conseguiu contratar uma pessoa bastante adequada à tarefa, e sua deficiência auditiva não cria qualquer empecilho.

Este case me permitiu entender que para um programa de inclusão de PCD temos de acionar ferramentas e componentes próprios da gestão de mudança. Incluir PCD é convidar vários colaboradores a rever seus conceitos, talvez mudar sua forma de se comunicar, e lidar com novos ritmos. Resumindo, é literalmente mexer com a zona de conforto de muitas pessoas, e isso não deve acontecer sem gestão da mudança.

Forte resistência também encontrei ao implementar programa semelhante em outra grande corporação. Entre duas das visitas iniciais, recebi email da assistente social da empresa pedindo-me reunião emergencial com uma das gerências. A equipe alegava dificuldade para preencher os questionários. O início dessa reunião foi tenso. Os colaboradores afirmavam ser impossível inserir uma pessoa com deficiência, pois todas as tarefas exigiam locomoção, acesso a escadas, trabalho com as mãos.

Uma das tarefas de um consultor para inclusão de PCDs é ouvir, ouvir e ouvir muito. As dúvidas e os mitos em relação às PCDs são abundantes. Ainda encontramos pessoas falando alto com um deficiente visual, ou acreditando que um deficiente auditivo não enxerga, ou ainda achando que gritar com o deficiente auditivo é sempre útil.

As pessoas, quando ouvem falar de programa de PCDs, logo vão pensando em cadeirante, deficiente visual grave e impedimentos de maior magnitude. Muitos vinculam diretamente a questão da acessibilidade arquitetônica a qualquer programa de PCD. Mas a Lei de Cotas abrange diferentes deficiências e atendê-la não implica necessariamente adaptações complicadas.

No caso em pauta, nessa reunião emergencial, primeiro ouvi os medos e ansiedades dos indivíduos, e depois dei informações objetivas sobre as deficiências, sobre a Lei das Cotas, sobre os tipos de deficiência que podem ser contratados e quais as possíveis dificuldades. Seguiu-se uma discussão mais branda. Os colaboradores ampliaram suas percepções e assim foram capazes de preencher os questionários já apontando possíveis alternativas para a inclusão. Eles não estavam armados contra os PCDs, estavam apenas desinformados. A informação ajudou-os a se libertarem de preconceitos.

No dia da análise dos questionários e da visita, a conversa ganhou outro tom. Os colaboradores mostraram suas dúvidas com o propósito de encontrar soluções, e não de apresentar resistências. A ideia de fortalecer esses influenciadores se efetivou e foi possível indicar PCDs.

Esta é minha tarefa: identificar influenciadores e conhecer suas necessidades; utilizar ferramentas de comunicação, informar, esclarecer, desmistificar. À medida que as empresas forem percebendo que uma gestão de mudança deve nascer junto com o programa de PCDs, muitos dos obstáculos e impactos negativos da inclusão irão diminuir e o sucesso dos programas irá se efetivar. Utilizando as ferramentas da gestão de mudança, podemos diminuir o *turnover* dos PCDs, pois os mitos podem ser desfeitos antes que comprometam a inclusão. Gestão de mudança e programa de PCDs são dois irmãos que durante os próximos anos deverão caminhar lado a lado!!!

Os dois casos contados por Márcia mostram como faz falta uma informação correta, como ideias preestabelecidas dificultam a chegada do novo.

4.1 Como medir se um grupo está pronto para concretizar a mudança?

Verificar a prontidão para a mudança requer do GM um olhar que lhe permita ver como anda a transição dos indivíduos, saber se ainda restam dúvidas, desconfiança ou mesmo medo. Ele também deve ter um olhar mais organizacional: perceber, de acordo com as fases dos grupos e da empresa, se ambos estão maduros, se não há focos de resistência ou alguma situação ainda não completamente identificada que possa colocar em risco o sucesso do projeto.

De enorme utilidade para estimar a prontidão é o arquétipo da quadrimembração nas organizações. Vou comentar um pouco mais sobre os seus quatro níveis, tendo agora como foco a sustentabilidade das novas circunstâncias.

- *Nível 1 – Identidade*

Os tomadores de decisão têm os mais variados interesses. A gestora ou o gestor de mudança capta o contexto por trás das ações e das definições, ou seja, vê o sentido das diretrizes organizacionais e o que seus criadores esperam. Muitas vezes o que está no papel não retrata o que acontece de verdade. Então, em um cenário de mudança, há que se buscarem meios de estreitar a ponte entre as diretrizes reais da organização e a nova situação pretendida. Reuniões de alinhamento, cafés, almoços, entrevistas, todos os esforços devem ser feitos para compreender o quadro explícito e o implícito do contexto da mudança, conseguir os engajamentos e ver que as necessidades pessoais e profissionais sejam levadas em conta.

A transição das pessoas demanda explicitar os comportamentos desejados e os não desejados. Elencar esses comportamentos em uma lista as ajuda a se posicionarem, assim como as diferentes áreas da empresa. Também esclarece qual é a relação cliente-fornecedor que se espera.

Contar com líderes preparados, comprometidos e bons agentes de mudança é o cerne do processo. Os líderes agentes de mudança são como braços do GM para zelar pela coordenação da mudança e das transições internas. Tais líderes são cuidadores do clima organizacional, da comunicação, da rede de relacionamentos, dos processos e dos recursos. É missão do GM preparar esses indivíduos, educando-os para a ampliação da consciência no que tange ao caminho do contato, entendimento, crença, comprometimento e sustentação.

• *Nível 2 – Relações*

Toda mudança, por menor que seja, acaba alterando a forma como o trabalho de cada pessoa é executado, e isso exige preparo. Cuidar para que os organogramas, papéis e responsabilidades recebam as necessárias adaptações é mais uma das atribuições da gestão de mudança.

Em paralelo a todas as suas atividades, desde o início o GM elabora algo que é denominado *Plano de movimentação e desmobilização da equipe de projeto*. Esse plano faz com que líderes e liderados sejam ouvidos do início ao fim do processo de mudança. Algumas perguntas-chave são feitas a eles: Que expectativas você tem de crescimento profissional com esta mudança? Que expectativas você almeja para o seu liderado junto a este projeto de mudança? Que capacidades precisam ser aprendidas? Que acordos líderes e liderados precisam fazer no percurso para atender a expectativas de crescimento e resultados nos planos individual e organizacional? A partir de suas respostas, o GM vai construindo o caminho.

Após a revisão da estrutura organizacional de cada área, o GM apoia os líderes na revisão das responsabilidades, alçadas e atribuições e na efetivação dos ajustes. Acompanhando todos os passos de perto, vai aferindo se a sustentabilidade da mudança está sendo bem construída.

Como se vê, a sustentabilidade está na tela de preocupações quando já se iniciam as primeiras inscursões. Não é algo a ser tratado no final apenas.

- *Nível 3 – Processos*

Toda vez que se inicia uma mudança, os processos e procedimentos precisam ser revisados. Muitas vezes eles não se encontram escritos e, por isso mesmo, são pontos de referência para o começo do trabalho. O GM afere se pelo menos os processos e procedimentos de maior importância ou que trazem maior risco foram testados pelas mesmas pessoas que passarão a trabalhar neles. Isso traz muitos benefícios, pois os próprios impactados são os que mais precisam conhecer os novos detalhes a tempo para fazer os necessários ajustes. Fazer isso depois da mudança implementada causa muito retrabalho, conflitos operacionais, custos e desgastes emocionais.

À primeira vista parece banal, mas não ter controles e relatórios ajustados e disponíveis para uso imediato tem causado muitas discussões nas organizações. Um relatório é instrumento e base para muitas decisões e ações. Quando não é desenhado para as reais necessidades das tarefas, pode significar parada de processos e procedimentos, não atendimento eficaz a clientes internos e externos e outros aborrecimentos.

Estudar e revisar indicadores de desempenho e outras referências é outro ponto crucial na operação. O GM também aloca bastante esforço pessoal nisso, examinando, junto aos responsáveis, os indicadores que foram definidos de forma coletiva. Dependendo do resultado dessa análise, talvez seja necessária uma ação imediata para desembaraçar algum nó de resistência que porventura ainda exista.

- *Nível 4 – Recursos físicos*
Mesmo que a mudança em curso não envolva diretamente espaço físico, sistemas testados e homologados, processos, materiais e equipamentos, esses âmbitos podem necessitar de ajustes importantes. O envolvimento do GM nesse quesito vai do simples diagnóstico até a participação intensa na comissão encarregada.

4.2 Educação contínua

Como diria o grande educador brasileiro Paulo Freire, a educação não transforma o mundo. A educação muda as pessoas. As pessoas transformam o mundo.

A sustentação vem do aprendizado e, portanto, educação – sempre um ato de amor – é tema central em gestão de mudança. A aprendizagem desperta mudanças positivas no indivíduo e em seus circunstantes. Todas as vezes em que um ser humano desperta algum bem no outro, ocorre a educação, tenham os protagonistas consciência ou não disso. A chave é respeitar a individualidade do educando.

Retomo aqui o conceito da trimembração no indivíduo. Educar é desenvolver as capacidades necessárias e, mais que isso, é desenvolver as pessoas. Após um movimento de transição, o ser humano avança em seus conhecimentos em direção ao pensamento sistêmico, pois se amplia sua visão sobre as inter-relações, impactos e consequências da mudança (nível do pensar). Eventuais atitudes egocêntricas podem ser suavizadas (nível do sentir), uma vez que o indivíduo aumenta sua esfera de dedicação, levado a acolher e considerar as necessidades de diferentes *stakeholders*. Ele cresce também na empatia e na aceitação da diversidade. Após alguns processos profundos e mudança organizacional e transição interna, muitos indivíduos relatam encararem a vida de outra forma. O diálogo aumenta e o espaço coletivo fica mais enriquecedor. Parece que as pessoas adquirem mais sabedoria e desenvolvem habilidades para construir relações de qualidade (nível do querer).

4.3 A perspectiva da instrução sustentada

APRENDER A CONHECER
Aquisição de instrumentos do conhecimento
Raciocínio lógico
Compreensão
Dedução
Memória
Bases teóricas

APRENDER A FAZER
Técnico profissional
Aplicar conhecimentos teóricos
Aprender a aprender
Bases práticas

APRENDER A SER
Depende dos outros três
Espírito e corpo
Valores e atitudes
Desenvolvimento Individual

APRENDER A VIVER COM OUTROS
Combate ao conflito
Relação com o preconceito
Rivalidades
Aceitar o semelhante

Figura 21 – A perspectiva da instrução sustentada

A Unesco recomenda quatro pilares de sustentação da aprendizagem, representadas na Figura 21. Faço aqui breves comentários sobre esses pilares e o tema deste livro.

Aprender a conhecer – O ser humano pensa, sente e quer coisas de forma diferente. Isso significa que os estímulos de aprendizados para cada um são diferentes. Há pessoas que aprendem a partir da observação, outras, durante a ação, e outras necessitam de fórmulas e contextos. A pergunta aqui para o GM é: Qual canal sensibilizará as pessoas a conhecerem a mudança? Às vezes uma ação lúdica ou vivencial poderá ajudar muito esse despertar. Também têm grandes efeitos a leitura de um livro, uma viagem em grupo etc.

Aprender a fazer – Na medida em que o ser humano experiencia seu pensar, sentir e querer, ele fica mais preparado para atuar em grupo. O GM poderá disponibilizar fóruns de discussão e trocas, tendo em vista a necessidade de haver palco para o aprendizado ser gerado. As pessoas têm necessidade em serem reconhecidas pelo seu conhecimento, habilidades e atitudes. A pergunta para o GM aqui é: Que capacidades precisam ser desenvolvidas?

Aprender a viver com outros – A palavra de ordem aqui é a aceitação as diferenças. Quando aprendemos a viver isso, toda uma mudança se faz à nossa volta. E a dica para o GM aqui é que ele mesmo se abasteça de conhecimento para poder transmitir pelo exemplo. Quanto mais autoconhecimento, mais saberemos trabalhar nossa vontade a partir de escolhas conscientes, sem sermos dominados pelos instintos. Falo aqui de conhecimento tanto técnico quanto moral. A pergunta a ser respondida é: Os valores individuais estão sendo levados em conta?

Aprender a ser – Se todos os outros pilares forem trabalhados, este último acontecerá por consequência. Saber fazer valer valores dependerá do nível de conhecimento que cada um tem de si próprio. Conheço-me de fato para poder auxiliar uma mudança e transição? Essa pergunta não deveria nunca sair da cabeça do GM.

4.4 A comunicação na sustentação da mudança

O papel da comunicação para apoiar a transição do modelo antigo para o novo modelo precisa levar em conta que as pessoas têm formas próprias de pensar, sentir e querer. Assim, cada conteúdo cumpre a missão de dirimir dúvidas quando esclarece informações, de minimizar desconfianças quando oferece clareza quanto às responsabilidades, e de tirar o medo quando transmite a maneira como a pessoa trabalhará no novo modelo.

Outras funções que exerce (Aviso os especialistas da área que podem pular esta parte.):

• Ser veículo de alinhamento organizacional, buscando eliminar ou minimizar as possíveis resistências, atuando de forma transparente e proativa diante das expectativas dos usuários.

- Fornecer informações claras e precisas para a liderança, desenvolvendo o diálogo em todos os níveis.
- Reforçar nos líderes o papel de agente de mudança.
- Equalizar as informações internas ao projeto, buscando minimizar a distância entre as frentes de trabalho.
- Manter a visibilidade do projeto para todos os funcionários da organização.
- Buscar o protagonismo e a cumplicidade coletiva.

É fundamental envolver os profissionais na construção de uma nova cultura. Isso significa ampliar o conhecimento do novo modelo e mostrar seus impactos e decorrências. A comunicação acompanha todas as fases da mudança. A incrível guinada de comportamento obtida pela nossa GM Márcia diante das resistências a PCDs teve por base a comunicação.

Agora vou só apontar em tópicos alguns cuidados a serem tomados na comunicação feita pelos líderes da organização (Até já, especialistas.).

- Ser simples, claro, preciso e consistente.
- Ver comunicação como parte integrante do processo de mudança e das suas interfaces.
- Ter *follow-up*; incluir, no planejamento, mecanismos de checagem.
- Construir credibilidade por meio da honestidade.
- Responder a críticas e rumores com a verdade.
- Usar a voz do cliente quando for o caso.

- Manter vocabulário comum entre os programas em andamento.
- Prestigiar quem se mantém firme, mesmo com as incertezas da mudança.
- Não culpar o passado.
- Divulgar as más notícias o mais cedo possível e as boas, o tempo todo.
- Disseminar o que irá mudar, o que irá permanecer e o que ainda será decidido.
- Permitir tempo e oportunidade para as pessoas entenderem e questionarem a natureza das mudanças.

O grande desafio à sustentação da mudança, do ponto de vista da comunicação, é manter as ações de envolvimento dentro de uma lógica calcada no planejamento e no gerenciamento. Ao mesmo tempo, a comunicação deve ouvir e favorecer atitudes de flexibilidade, pró-atividade, participação, tolerância e colaboração.

Há momentos em que a melhor tática é utilizar as veias de comunicação já existentes na empresa, com o objetivo de, discretamente, conquistar o que se costuma chamar de *share of mind e share of heart* da organização e do usuário. Os meios de comunicação já existentes, além de já contarem com grande penetração, são meios para se chamar atenção a novos veículos que sejam implantados. Entretanto, não se pode subestimar o poder da comunicação olho no olho (reuniões, workshops, conversas pessoais).

4.5 Sustentação dos resultados

Quando termina a mudança? Bem, ela não termina. Se a gestão de mudança cuidou bem das expectativas, do alinhamento dos acordos e da expansão das capacidades, a mudança será perene. Os desafios do mundo empresarial são contínuos, então o ciclo de gerir mudanças também o é.

Os gestores todos, e não apenas um gestor de mudança, precisam cuidar de manter na equipe seus agentes de mudança. Essa equipe poderá ser desmobilizada a qualquer época, porém os agentes de mudança continuarão atuando aonde quer que forem.

A sustentação dos resultados é preocupação constante a partir da primeira etapa, como já discuti antes. Se for feito um bom levantamento de expectativas, se as soluções forem construídas coletivamente, meio caminho estará andando. A outra metade depende da estratégia de implementação e da estratégia de sustentação. Na primeira, a preocupação do GM é cuidar da prontidão. A todo momento, afere se as pessoas estão preparadas para o que está acontecendo e o que vai acontecer em seguida. A segunda refere-se às ações desenvolvidas, durante todas as fases, para que as pessoas sustentem o novo por si mesmas.

A comunicação segue acompanhando os acontecimentos mesmo depois de fechado o ciclo, pois sempre há públicos necessitando dela: colaboradores que estão sendo contratados, pessoas inseguras com as novas atribuições, eventuais conflitos em potencial, *stakeholders* a quem se deve prestar conta etc.

Fechado o ciclo, estabelecida fortemente uma nova condição de trabalho, com todos entregando seu melhor desempenho, a organização está pronta para as novas mudanças que certamente virão.

4.6 Vozes e aprendizados da mudança

Finalizando, eu não poderia deixar de reproduzir opiniões e relatos de colegas e parceiros de jornada. Trata-se de pessoas que para mim são referência em gerir a mudança em suas vidas e em seu entorno: Adma Garzeri, Cláudio Tomanini, Daniela Monteiro, Diego Paim, João Carlos Rocha, Lais Machado, Léa Kogut, Marcia Vasconcellos, Marli Pereira, Matias Klinke, Suzy Fleury, Valcíria Serra e Vera Oliveira. Conversei individualmente com cada um deles e compartilho aqui, com os leitores, algumas das experiências que pude colecionar nessas conversas. Seguem seus depoimentos e reflexões, pautados nos temas *gestão de mudança e situações vividas.*

ADMA - Acompanhei uma transformação organizacional que deu certo nos resultados para o negócio, porém houve muito sofrimento das pessoas afetadas pela mudança. Do ponto de vista técnico era um projeto complicado. Havia agravantes como uma política interna desforável, insegurança quanto ao ritmo, e muita tensão. O presidente e as diretorias estavam patrocinando, mas isso não garantia que as pessoas alocassem seus melhores esforços. Entre os diretores havia conflitos latentes que foram para o palco durante o processo. Gestão de conflitos é gestão de pessoas, pois os conflitos nas organizações começam no CPF. Também tenho para contar um caso animador, emblemático, em que fiz parte da gestão da mudança de uma grande empresa privatizada nos anos 1990. Foi vendida para uma organização que depois foi comprada por uma terceira. Como resultado desses e de outros fatos, em sete anos a companhia teve sete presidentes, até ser encampada por um grupo que colocou à testa um presidente disposto a fazer toda a diferença. Ele trouxe forte liderança e foco nas pessoas, além do foco nos resultados. Colocou a empresa em posição privilegiada no mercado, tanto em resultados como na percepção dos clientes e dos colaboradores. Ele estava absolutamente aberto para ouvir. Saía regularmente de sua sala para ter contato direto com funcionários de todos os níveis hierárquicos. Foi excelente o trabalho de gestão de mudança, porque as pessoas ganharam novo ânimo e voltaram a acreditar em si mesmas.

CLÁUDIO - As pessoas têm dificuldade para trazer o novo. Normalmente elas o rejeitam. O GM mostra que é possível ter outro olhar, que a mudança pode trazer ganhos. A mudança começa consoco, para podermos ser os formadores de opinião e assim gerarmos resultados visíveis à nossa volta, pois se não dermos resultado as pessoas não acreditarão. O contratante de uma grande empresa, quando propusemos um planejamento, achou que era uma forma de dizer que eles eram incompetentes. Precisei construir algo especial com cada um dos líderes. Quando você escuta os temores das pessoas e vê suas competências, você começa um trabalho de envolvimento. Na minha visão, o importante é trabalhar nas competências e não nos gaps. Dessa forma você apoia a gestão da mudança. Envolver é fazer as pessoas acreditarem na mudança, é lidar com medos e mostrar os caminhos. Não é uma ação processual e sim humanista. O caminho é trabalhoso e há necessidade de sustentar os resultados. Lidar com pessoas é diferente de lidar com máquinas. Máquina você programa e pessoas você envolve. Ouvi isso de um grande amigo e assim passei a entender o que era trabalhar em prol da mudança.

DANIELA - O desafio que enfrentei era estar no papel de gerente de projeto, liderando alguma mudança, e não dar conta. Ficava frustrada. Daí vi que precisava olhar mais as pessoas para cuidar da mudança. Gerir a transição é olhar o todo e as partes ao mesmo tempo, sendo capaz de conduzir cada parte na direção do todo. É estimular o protagonismo. É olhar com naturalidade para o que se passa no interior das pessoas: suas resistências, os sentimentos e quereres de cada um – que irão variar segundo o grau de clareza quanto à intensidade e à direção das mudanças. É descobrir o que precisa ser feito para que os sentimentos e quereres evoluam e caminhem juntamente com a mudança externa. É entender as individualidades e conseguir adesão efetiva das pessoas. É um caminho humanista – trabalhoso, porém compensador. É parar de jogar as pessoas de um lado para o outro. Todo líder precisa ser gestor da mudança.

DIEGO - Praticamente em todas as organizações em que atuo, o tema de mudança permeia as atividades. Há desde declarada mudança e reestruturação, até uma mudança mais silenciosa, acontecendo diariamente. Os maiores desafios são relacionados a trazer a percepção do cenário de mudança para a liderança e, de uma maneira organizada, atuar praticando o desapego das próprias ideias e conceitos e trabalhando pelo bem comum. Colaborei com uma organização que estava passando por muitas dificuldades em seus processos mais básicos, a ponto de estar no limiar de ser fechada. Para tratá-la, antes de mais nada, foi necessário tomar uma clara decisão de embarcar naquele desafio, sabendo de todas as dificuldades. Após esse passo de confiança, a ação seguinte foi transbordar essa confiança aos demais colaboradores, mostrando um caminho de sucesso que muitos não viam e, abordando um a um, acabar com o medo e a desconfiança, ganhando apoios e utilizando todos os recursos disponíveis para mudar o cenário, com muito trabalho e convicção.

JOÃO ROCHA - Uma situação pessoal difícil mostrou-me o que é gestão de mudança. Fui demitido de uma empresa estatal no início de 1987. O Brasil estava aprendendo a viver sem ditadura. Eu tinha uma função de coordenação, houve uma greve e a direção da empresa exigiu da coordenação um posicionamento. Acontece que eu considerava injusta a posição da empresa. Coloquei-me do lado dos empregados, aderi à greve e fui exemplarmente demitido. O momento era difícil para o país, havia uma inflação que chegou a bater em 80% ao mês. Seria difícil me recolocar no mercado. O principal pensamento que me ajudou foi trazido por um amigo que estudava Logosofia: "Você deve colocar os problemas dentro da vida e não a vida dentro dos problemas". Na prática, fiz levantamento de tudo o que estava a meu favor. Também recebi este conselho de outro amigo: você vai ter de falar a verdade nas entrevistas, vai ter de contar a causa de sua demissão e seus motivos. É provável que a maioria das empresas não vá aceitar, mas aquela que aceitar é a que confia em você como você é e, portanto, a chance de dar certo será grande. Certo é que esses dois amigos me fizeram ver a situação de uma forma que me deu muita confiança. Fui à luta, enviei currículos, viajei, fiz entrevistas e, 50 dias depois da demissão, pude escolher entre quatro propostas. Fiquei 23 anos na empresa que escolhi. Para mim, a gestão da transição está muito bem exemplificada no que aqueles dois amigos fizeram por mim.

LAIS - Estávamos fazendo uma grande mudança no sistema de RH de uma grande empresa, com descentralização das áreas: cada gestor passaria a ter mais autonomia nos processos e TI deixaria de centralizar a operação, como vinha acontecendo. A diretoria queria a contratação dos GMs e não foi preciso muito esforço para ter sua forte adesão. O projeto de TI contava com o patrocínio de um gerente, e havia outro líder-sponsor da área de RH, um diretor. Comecei a tocar o projeto. Depois de três meses, o diretor de RH saiu da empresa. Mais três meses e o gerente de TI recebeu uma promoção e foi para outro país. Para nossa sorte, já tínhamos identificado, por iniciativa dos GMs, o que era preciso saber para a mudança acontecer com segurança. Mas a equipe ficou manca, entrou em crise. Era difícil parar e era difícil continuar. Como já tínhamos o levantamento do cenário, pude argumentar com diretores de outras áreas e receber seus apoios. O projeto técnico não era o difícil, mas a saída dos dois sponsors dificultou as coisas. Outro problema era que a equipe de RH não era decisora e, para complicar, a consultoria de TI faliu no meio do caminho. A mudança, afinal, foi bem sucedida graças aos GMs. Na sustentação, no monitoramento final, as pessoas de RH, quando entrou o diretor novo, se mostraram acomodadas, alegando que o sistema não estava funcionando bem. Verificamos no detalhe o que estava acontecendo e vimos que parte era mimo, parte era medo, parte era verdade. Surpreenderam-me os comportamentos incoerentes: os indivíduos definiram, aceitaram, mas não foram todos que assumiram o novo.

LÉA - Quanto mais a pessoa ativa sua "musculatura da coragem", mais coragem ela ganha. Nada é por acaso. O crescimento e a evolução têm a ver com a naturalidade com que vemos o nosso próprio amadurecimento, independentemente do caminho que tomemos. Gestão da transição é aumentar a autoconsciência, perceber fatos e sentimentos que estejam ocorrendo à nossa volta. Uma vez atento ao que ocorre no ambiente, ao que está sendo gerado à sua volta, o indivíduo pode, conscientemente, evoluir para onde ele quiser, crescem suas possibilidades de escolha. Participei de um caso difícil. Os indivíduos estavam tensos porque fazia parte do projeto reduzir o número de colaboradores de uma área. Para lidar com isso, a solução foi usar de transparência. Nas primeiras reuniões, os próprios envolvidos escolheram os critérios para decidirem quem iria sair: idade, quantidade de filhos, estado civil, cargo e momento de vida. Das 18 pessoas impactadas pela mudança, seis iriam embora. Essa decisão deu mais maturidade ao grupo. Felizmente, os que saíram conseguiram boas condições de trabalho após a demissão. Nós todos aprendemos que quanto mais transparente e honesto o processo, menos dolorosa será a mudança, e mais benefícios virão. Quando compartilhamos a fragilidade, ela se transforma em fortaleza.

MÁRCIA - A gestão de mudança é cada vez mais necessária, e os desafios são constantes. Um deles é mostrar os benefícios que traz para as organizações e os indivíduos. É uma ferramenta pouco utilizada porque as empresas em geral desconhecem o que realmente é. Muitos acreditam que só serve para projetos de TI. Às vezes o cliente considera que o projeto em que sua empresa está envolvida é pequeno, que não justifica uma intervenção em gestão de mudança. E volta meses depois dizendo que estava enganado, que foi difícil lidar com o momento de mudança. Gestão da transição é fazer a pessoa se sentir proprietária de sua própria vida. É aprender a lidar com as emoções que vêm de dentro de nós. É encarar algumas "mortes" para que os renascimentos venham. A transição é um processo necessário ao desenvolvimento humano, é o momento em que as forças se aglutinam e o potencial humano emerge em direção ao futuro.

MARLI - Trabalhei no atendimento psicológico a pessoas infectadas com o vírus HIV. Eu estudava florais de Bach e quis introduzir os florais como fitoterapia no processo de tratamento, em paralelo ao atendimento psicológico. Entretanto, o diretor médico responsável pelo ambulatório foi terminantemente contra. Argumentei que poderíamos acompanhar os casos em conjunto, fazer estudos comparativos etc. Mas não envolvi os demais profissionais que tinham interface com a questão. Hoje percebo que poderia ter atuado de outra forma, buscando os influenciadores, trazendo à tona as vantagens e desvantagens da proposta, entre outras ações. Uma situação delicada também vivi no departamento comercial de uma grande consultoria. Eu era responsável por fazer a prospecção de clientes e acompanhar o fechamento dos projetos. Na época, havia muitos problemas de pós-venda dos serviços prestados. Meu diretor era um profissional bem agressivo comercialmente, voltado apenas para resultados financeiros. Comecei a trabalhar com os outros gerentes comerciais, conversando com eles individualmente sobre os projetos e trabalhos. Quando perceberam que a situação era comum, eu propus que fizéssemos uma mobilização dos clientes, convidando-os a responder uma enquete de satisfação do cliente. A questão era o que fazer para o diretor aceitar a ideia. Esperamos a oportunidade de fechamento de um projeto interessante para propor a pesquisa. Nesse momento, como o foco era o resultado financeiro do projeto, ele não se opôs. Com isso, conseguimos levantar os dados necessários para que, junto com a diretoria técnica, pudéssemos mostrar a necessidade urgente de rever processos e buscar profissionais mais experientes no mercado.

MATIAS - A gestão da mudança faz, principalmente, o constante alinhamento entre expectativas das pessoas (pensar, sentir e querer) e capacidades da organização, demonstrando claramente as mudanças, os impactos (ganhos e perdas individuais e coletivos) e os planos de ação. Atua em três perspectivas: construção do comprometimento, gestão de expectativas, tratamento das resistências. Uma das funções do GM é promover a transparência da realidade dentro do projeto e na organização, com verdade e respeito. Vivi um caso de muita tensão entre a equipe da consultoria e a equipe de projeto, com ruptura iminente. Tratamento que dei: ouvir os líderes dos dois lados e alguns colaboradores, para entender os incômodos; promover o alinhamento de expectativas dos líderes; apoiar a construção de diretrizes de relacionamento e plano de ação. Depois de um trabalho árduo, conseguimos chegar a bom termo.

SUZY - Quando fazemos mudanças na vida, o mais desafiador é encarar a zona de turbulência em diferentes áreas de realização como a pessoal, familiar, social e profissional. Como filha de militar, vivi mudanças geográficas que me levaram a mudar de casa, bairro e até mesmo para outros estados e isso foi um exercício importante. Mudar não é fácil, ao mesmo tempo em que é necessário. David Rock, coach profissional junto com Jeffrey Schartz, psiquiatra, escreveram o artigo "A Neurociência da Liderança" (Revista HSM, 2007) na qual alertam para o poder que os hábitos exercem sobre nosso dia a dia, as nossas rotinas e nos colocam no automático. Para sair da zona de conforto, precisamos da memória ativa que nos leva a reflexões e tomada de consciência. Então não basta apenas força de vontade, é preciso metas e ações específicas além de ter claro os benefícios que serão alcançados. Minha vida foi de mudanças constantes tanto geograficamente como nas diferentes áreas de realização. O bacana da mudança é que quanto mais você exercita, mais confortável se sente com ela por conta da expansão que ela propicia. Esse movimento que nos tira da zona de conforto e nos empurra para a zona de turbulência pode ser enfrentado quando nos conectamos com os ganhos que nos esperam em nosso futuro. Viver é uma jornada, portanto, mudar faz parte da vida.

VALCÍRIA - Venho trabalhando com uma organização familiar com vontade de mudar, mas o patrocinador tem enorme dificuldade de apoiar a mudança. Ao mesmo tempo em que quer fazer o trabalho, é muito desconfiado, quer resultados rápidos em relação ao comportamento das pessoas. Para ele, não é preciso fazer gestão da mudança. Conseguimos alguns avanços, ainda que pequenos. Claramente, as pessoas envolvidas deram alguns passos no seu processo de autodesenvolvimento e desenvolvimento profissional. Procuro manter o patrocinador a par do que está acontecendo, incentivo-o a participar e fortaleço o seu papel de patrocinador, conscientizando-o da importância das mudanças que está promovendo e da sua participação nos eventos. Em outro trabalho, acompanhei uma grande empresa que passava por um processo de fusão. Como as culturas eram muito diferentes, quando as pessoas chegavam ao workshop de sensibilização, em especial os profissionais de TI, o clima "esquentava". Chegavam muito revoltados, questionando tudo e achando que o workshop era perda de tempo. A primeira coisa que eu fazia era acolher as queixas, ouvindo com atenção e procurando ver as relações com a fusão, ou com a maneira pela qual a fusão estava sendo vista por eles. Isso já os acalmava. Meu segundo passo era comprometer-me a passar aos responsáveis as questões apontadas e dar retorno a todos, como forma de garantir que eles estavam sendo ouvidos e respeitados. Para evitar o aparecimento de lideranças negativas, durante os workshops eu procurava dar a todos as informações disponíveis.

VERA - Ser gestor de mudança não é emprego ou ocupação. Acima de tudo, é uma filosofia e missão de vida que exige de nós o exercício da humildade e do desapego. Posso dizer que um dos grandes desafios que vivenciei pessoalmente foi, como gestora de mudanças, entender que meu papel não era mais de ator principal e sim de bastidor, criando condições e dando palco para o outro brilhar. Aprendi a me alimentar de palmas e reconhecimentos indiretos, por exemplo, quando um líder coloca em seu discurso e prática palavras e iniciativas que saíram de nosso trabalho conjunto. A humildade também é fundamental para reconhecer o momento em que nossa missão acabou. Muitas vezes, de tão identificados com a causa, passamos a fazer parte do problema e não mais da solução e, com isso, perdemos uma das qualidades fundamentais do gestor de mudança – a independência interior. No momento em que eu acreditar que a obra é mais minha que da organização, é hora de partir. Como líder de projetos que me trouxeram muito orgulho, e mãe de um filho adolescente que foi fazer faculdade no exterior, sei o quanto a separação de um filho dói, mas acreditar que ele precisa criar sua própria identidade por meio da independência traz forças e acalma o coração. O desapego é igualmente demandado para encerrar um projeto ou processo de mudança, principalmente os bem sucedidos. É necessário reconhecer o fim e trabalhar o *unbuilding*. Não existe ressurreição se não houver morte. Precisamos honrar a morte de um ciclo e viver o luto, para que o novo possa surgir. Os projetos mais prazerosos são os mais difíceis de encerrarmos e, inconscientemente, acabamos criando mecanismos para manter a iniciativa viva, pela conexão em si e não mais a serviço do mundo. Quem viveu uma experiência de grandes aprendizados tem a missão de ir para o mundo polinizar novas ideias e mostrar que é possível, sim, encontrar significado, realização e autodesenvolvimento nos processos de mudança organizacional.

Para contatar a autora:
katia.soares@agentesdamudanca.com.br

Este livro foi composto por Lumar Design em Fairfield 12/17
em papel Polen Soft 80mg² para Barany Editora